Christin Kunze

HAPPY Rituals

Rituale, die glücklich machen

Zufriedener und bewusster leben mit 30-Tage-Challenges und Glücksgewohnheiten

Impressum

www.happyrituals.de

Umschlaggestaltung: Christin Kunze

Urheberrechte Einzelfotos Deckblatt: (Christin Kunze, Rachit Gupta, Bettina Höchsmann)

Lektorat: Karin Steffens

Mitarbeit: Gabriele Heymel

Haftungsausschluss und weitere Hinweise am Ende.

ISBN: 978-3-9822248-0-0

Widmung

Dieses Buch ist zum einen meiner Schwester Stephie gewidmet. Danke dafür, dass du mich in den letzten Jahren immer bestärkt hast, dieses Buch zu schreiben. Nun Schwesterherz, hier ist es!

Mein tiefster Dank gebührt meiner Mama! Danke, dass du vor nun fast vier Jahrzehnten diese 9-Monats-Challenge für uns **auf dich** genommen hast! Alle sagten „Du schaffst das nicht“ und rieten dir ab, doch du Macherin (im wahrsten Sinne des Wortes) hast es durchgezogen. DANKE dafür!

Dir verdanke ich ALLES!

Inhaltsverzeichnis

Einleitung

Krisen sind die besten Antreiber, etwas zu ändern. Krisen, ob nun im Außen oder im Innen, bieten mir und dir die Chance etwas anzupacken und anders zu machen.

Wann und wie wir in Bedrängnis geraten, können wir nicht beeinflussen. Aber das Wann und Wie der Überwindung haben wir meistens selbst in der Hand – pardon – in den Füßen. Denn es beginnt mit dem einen Schritt, auf den dann der nächste, und der nächste, folgt.

Doch noch mal zurück zur Krise. Ich möchte dir kurz meine eigene schildern, damit du meinen Ausweg nachvollziehen kannst. Also Hand aufs Herz. Hier ist sie, meine Krise:

2018 war für mich kein gutes Jahr. Eine Trennung riss mir ziemlich den Boden unter den Füßen weg. Ich war ziemlich aus der Balance geraten, begann über vieles in meinem Leben und in mir nachzudenken. Dachte ich vorher, ich hätte bereits auf dem Weg zu mir gute Fortschritte gemacht, merkte ich auf einmal: Da stimmt etwas nicht! Aber ich konnte noch nicht benennen, was es war. Mich irritierte, dass ich einer nur knapp drei Monate dauernden Beziehung fast ein ganzes Jahr hinterher trauerte. Das enttäuschte Glück hatte sich nach einem Gastspiel wieder in seinen Panzer zurückgezogen. Jetzt traute es sich nicht mehr hervor. Mich irritierte, dass ich so oft meine Bestätigung im Außen suchte und mich durch externe Gegebenheiten noch immer so sehr verunsichern ließ. Das Bild, welches die Welt von mir hatte, war auch zu meinem eigenen Bild von mir geworden. Um nicht anzuecken oder aufzufallen, dimmte ich zudem unbewusst das Licht, das ich in mir trug. Ich lebte ein Retortenleben. Ich funktionierte.

Doch was war noch mal der Sinn meines Lebens?

Ich wusste, ich darf und muss etwas tun. Ich musste mir wieder eine solide Basis schaffen, auf der ich auch ein festes Selbstwertgefühl aufbauen konnte. Ich tat das, was ich tun konnte. Ich nahm es in meine eigene Hand.

Dabei hatte ich folgende Ausgangslage: Ich wollte nicht wegziehen, den Job nicht kündigen, ich musste mich nicht trennen – war ich ja schon. Und ja, die Haare sollten auch dranbleiben. Ich wollte nicht mit den üblichen oberflächlichen Handlungen reagieren. Ich sah keine Veranlassung für harte Schnitte, ich wollte nichts über den Haufen werfen und keine rabiaten Entscheidungen. Ich wollte Veränderung in mir, nicht im Äußeren.

Ich wollte im Inneren Veränderung bewirken, während ich meinen Job, meine kuschelige Wohnung und meine gleiche Lockenmähne, auf die ich so stolz bin, beibehielt. Das, was ich tun wollte, sollte einfach sein und in mein Leben integriert werden. Wenn möglich ganz nebenbei stattfinden. Doch trotzdem kraftvoll und effizient sein. Ich wollte aktiv etwas für mich und mein eigenes Glück tun.

Auf einem Seminar über Persönlichkeits-entwicklung fand ich darauf die Antwort und genau die passende Idee. Ich war begeistert von dem Gedanken, ein Jahr lang neue Gewohnheiten aufzubauen und damit nichts weniger als mein Leben zu verändern. Das wollte ich machen!

Ich mag es, ins Machen zu kommen und auf etwas hinzuarbeiten; ein Ziel zu verfolgen. Daher fasste ich einen Plan. Jeden Monat im Jahr 2019 widmete ich einer Sache, die ich täglich ausführen und umsetzen wollte. Dabei befasste ich mich mit vielen unterschiedlichen Bereichen in meinem Leben. Erst später sollte mir tatsächlich auffallen, was ich mir da jeden Monat gesetzt hatte: sogenannte 30-Tage-Challenges. Für mich waren es aber nicht die Challenges, die im Vordergrund standen. Mein Fokus lag auf den positiven Gewohnheiten, die dadurch entstehen konnten. Durch das tägliche Tun hoffte ich mir glücksversprechende Gewohnheiten aufzubauen. Ich fand sogar eine eigene Bezeichnung für mein Vorhaben. Ich wollte mir ***happy rituals*** kreieren: **Rituale, die glücklich machen**.

Und dieses Versprechen, das im Namen lag, haben diese kleine Dinge des Alltags tatsächlich gehalten. Nach zwölf Monaten und zwölf 30-Tage-Challenges zog ich eine Bilanz: Ich hatte es mit den kleinen Dingen geschafft, Großes zu erreichen. Ich war mit mir und meinem Leben im Reinen, glücklich und zufrieden. War achtsam geworden, wie ich auf äußere Einflüsse reagierte und ob mir dies auch entsprach. Hatte mich versöhnt mit mir und meinem Leben, in all seinen Facetten. Ich hatte mein Leben verändert und ich war endlich mehr ich. Mehr Christin.

Diese Bilanz habe ich euch in den Mittelteil dieses Buches gepackt, so dass ihr meinen Weg gerne komplett nachvollziehen könnt.

Du willst das auch? Weißt nur irgendwie gar nicht, wo du anfangen sollst? Du möchtest am Abend zufrieden einschlafen, weil du glücklich mit deinem Tag bist, unabhängig davon, ob dir tagsüber etwas Tolles passiert ist oder nicht? Außerdem möchtest du dir eigene Glücksmomente schaffen, die dich stolz machen?

Dann biete ich dir mit diesem Buch an, dass wir uns ab sofort darum kümmern. Dieses Buch kann dir für den Aufbau deiner Glücksgewohnheiten ein Leitfaden und ein Begleiter sein. Das Buch und ich möchten dir als dein Coach zur Seite stehen, damit du dein Leben in wenigen Monaten oder auch in einem Jahr, so wie ich, verändern kannst. Wenn DU es willst.

Denn das ist das Wichtigste: Wenn DU es wirklich willst, dann klappt es auch. Früher oder später.

Es ist mir ein Anliegen dir, meinem Leser, meiner Leserin, als Coach auf Augenhöhe zu begegnen. Daher erlaube ich mir, dich in diesem Buch zu duzen. Ich hoffe, dies ist okay für dich.

Einen Vorbehalt oder auch eine Erwartung möchte ich direkt ausräumen: Nein, ich gebe dir keineswegs vor, was du tun sollst. Welche *happy rituals* du für dich entdecken kannst. Das wäre auch nicht sinnvoll, denn was bei mir funktioniert hat, funktioniert noch lange nicht bei dir. In einem Kapitel werde ich auf die Unterschiede unserer Gewohnheitsprofile kurz eingehen, damit du verstehst, was ich damit meine.

In diesem Buch erkläre ich dir, wie Gewohnheiten funktionieren, was persönlich gesetzte Herausforderungen in deinem Leben bewirken können und was passiert, wenn du lernst, dass du deine Erfolge in den eigenen Händen hast.

Ich habe dir einen 30-Tage-Plan für eine Challenge vorbereitet: Am Beispiel der „Ich lebe einen Monat plastikfrei"-Challenge gebe ich dir 30 Überlegungen, Tipps und Tricks an die Hand, wie du dieses Vorhaben für dich gestalten kannst. Dieser Plan ist wie immer als Empfehlung, nicht als einzige Wahrheit zu verstehen.

Dieses Buch bietet dir auch einige Übungen an, mit denen du mehr Klarheit bekommen kannst, was du erreichen willst.

Zusätzlich zu diesem Buch habe ich dir noch einen exklusiven Online-Bereich eingerichtet. Darin findest du eine weitere 30-Tage-Challenge, die du auf noch mehr eigene Ziele anwenden kannst. Dort findest du auch alle Links auf den Blog sowie weitere Materialien zum Ausdrucken. Am Ende verrate ich dir, wie du auf diese zugreifen kannst.

Ich freue mich auf unseren gemeinsamen Weg zu deinen *happy rituals*.

Let's go.

Update meiner Einleitung (Januar 2022):

Ich habe seitdem ich dieses Buch geschrieben habe, das Human Design System kennengelernt und studiert.

Daher möchte ich diesen absolut gut gemeinten Rat vorwegschicken: Dieses Buch hat ein Manifestor mit einem definierten Ego geschrieben – ich bin sogar ein Ego-Manifestor. Es könnten also Dinge in diesem Buch stehen, die Willenskraft erfordern. Sätze wie, "Du schaffst alles, wenn Du willst" – werden hier fallen.

I must say, ich wusste es damals nicht besser. Ich habe aus eigener Erfahrung geschrieben und meine Erfahrung ist genau diese. Ich kann etwas mit Willenskraft erreichen und ich entscheide aus dem Ego.

Du musst wissen, das Ego-Zentrum im Human Design steht für die Willenskraft und die Kraft mit dieser etwas zu erreichen. Nicht alle Menschen haben ein definiertes Ego (genauer gesagt haben 70% der Menschen dieses nicht und das ist auch gar nicht schlimm ;-)).

Es ist daher sehr wichtig zu wissen, dass Du das was Du Dir vornimmst, wahrscheinlich aus einem anderen Antrieb herausschaffst. Tue es, weil, wenn es Dir Spaß und Freude macht, aber nicht weil Du es Dir im Kopf vorgenommen hast oder Du Dir etwas beweisen willst.

In diesem Buch findest Du viele Anleitungen, die Dich motivieren mit Willenskraft an etwas dranzubleiben. Höre bitte in Dich hinein, ob Du das was ich Dir vorschlage wirklich, wirklich, wirklich willst und ob es Dir Freude macht. Wenn ja, dann bist Du good to go!!

Alles Liebe

Deine Christin

happy ritual – Step 1

Den Weg zu meinen happy rituals schilderte ich, während ich ihn ging, auf dem gleichnamigen Blog www.happyrituals.de. Offen und authentisch schrieb ich, wie mir der Schnabel gewachsen war. Anhand von anschaulichen Beispielen, nahm ich dich dort mit auf meine Entwicklungsreise.

Diese persönliche Perspektive möchte ich trotz aller Fakten und theoretischer Überlegungen in dieses Buch einbringen. Daher setze ich jedem Kapitel ein kleinen „persönlichen Schritt" voran. Diese kleinen happy ritual Steps sind vom Haupttext abgetrennt, anders gestaltet und bieten kleine titbits (Süßigkeiten) zu dem Thema. Aber aus meiner ganz eigenen Perspektive.

Beginnen möchte ich hier mit einem Satz:

Tun ist das Zauberwort zum Glück!

Dein Status Quo: Zeit etwas zu ändern?

Hast du dir schon einmal ein Resümee eines vergangenen Lebensjahrs oder vielleicht auch deines bisherigen Lebens gezogen?

Hast du dir schon solche Fragen gestellt, wie: „Was hast du im letzten Jahr für dich erreicht?“, „Wie hast du dich dabei gefühlt?“, „Welche Gefühle konntest du ausleben und welche nicht?“ „Bist du stolz auf das Erreichte?“ „Bist du wirklich, wirklich, wirklich glücklich?“.

Bist du stolz und glücklich. Oder doch eher gefrustet?

Manchmal manifestiert sich in dir auch nur der Gedanke, dass dir etwas zum Glück fehlt. Du fühlst dich in deinem Leben, als braucht es noch etwas, um wirklich zufrieden zu sein – genau benennen, kannst du es jedoch nicht. Du fühlst in dir vielleicht sogar auch eine latente Unzufriedenheit. Über was auch immer.

Häufig ist es am Ende des Jahres eine gescheiterte Liebesbeziehung, Frust mit deinem eigenen Körper oder Stress durch deinen Job und die vielen anderen

Verpflichtungen, die wir in unserem Leben haben. Auch kann es sein, dass du fühlst, dass deine Träume und Ziele bisher in deinem Leben keinen Platz finden.

Wie viele Dinge schiebst du bereits vor dir her, in der Hoffnung auf eine bessere Zeit, auf eine passendere Lücke zwischen deinem jetzigen und deinem Wunschleben?

Zu viele To-dos, zu wenig wirklich glücklich machende Dinge. Zu viel Frust, zu wenig Erfolge. Zu viel „Ich muss“, zu wenig „Ich mache, denn ich will“.

Ist das dein Gefühl, wenn du auf dich und dein Leben schaust? Fühlst du dich in deinem eigenen Leben fremd oder vielleicht sogar fremdgesteuert?

Dann bist du nicht allein! Viele von uns haben das merkwürdige Gefühl, dass wir unser Leben nicht richtig leben. Oft fühlst du eine Unzufriedenheit, doch richtig benennen, woher diese kommt, kannst du möglicherweise nicht.

So ging es auch mir vor zwei Jahren und ich wusste nicht, wo ich beginnen sollte. Ich war auf der Suche nach nichts weniger als meinem Lebenssinn. Ich funktionierte, aber richtig gelebt, hatte ich wohl nicht.

Kennst du das von dir auch? Ja? Dann lies bitte unbedingt weiter! Denn ich möchte dir zeigen, wie du mit kleinen Schritten in die Richtung deines Wunschlebens gehst.

Bereit? Dann fangen wir an.

happy ritual – Step 2

Zu Beginn meiner Entwicklung stellte ich mir einige wichtige Fragen. Bisher ließ ich zu, dass mich äußere Umstände ständig durcheinanderbrachten. Ich fragte mich, was kann ICH tun, um mit meinem Inneren dagegenhalten zu können?

Ich fand die Antwort in täglichen Handlungen. Ich kann mir selbst Strukturen geben, die mich halten. Ich entdeckte Affirmationen, also selbstbejahende Sätze, die ich mir täglich mehrfach sagte. Diese dienen dazu eigene Gedanken umzuprogrammieren und sie stärkten mich von innen her.

Im Badezimmer stellte ich mich vor den Spiegel und sagte mir bestärkende Sätze, indem ich mir in die Augen schaute. „Ich mag mich" und „Ich bin ein Geschenk für die Welt" sind zwei Beispiele. Diese Sätze sind auch ein Mitbringsel von dem zuvor bereits erwähnten Seminar über Persönlichkeitsentwicklung mit dem Namen „Die Kunst, dein Ding zu machen" von Christian Bischoff.

Diese Sätze machte ich mir zur Gewohnheit. Sie wurden die Quelle meiner inneren Kraft.

Gewohnheiten bestimmen unser Leben

Viele Handlungen unseres Alltags werden automatisch durch Gewohnheiten gesteuert: Wann wir zu Bett gehen, wann wir morgens aufstehen, was wir direkt danach tun und wie wir den Tag verbringen. All dies beeinflusst unsere Gewohnheiten nachhaltig.

Gewohnheiten helfen uns in unserem Leben und mit unserem Alltag zurecht zu kommen. Sie sind sozusagen die Sparprogramme unseres Gehirns, um nicht für jede Situation Entscheidungsenergie aufbringen zu müssen. Dies führt dazu, dass wir uns (zum Glück) nicht jeden Tag Gedanken machen müssen, in welcher Reihenfolge wir uns anziehen (Unterhose, Hose und dann erst die Schuhe), ob und wie wir unsere Zähne putzen und wie oft wir einen Bissen kauen, bis wir ihn herunterschlucken.

Müssten wir jedes Mal aufs Neue entscheiden, wie wir diese alltäglichen Dinge umsetzen, wäre unser Tag voller Entscheidungen, die wir treffen müssten. So scheint es zunächst einmal gar nicht so schlecht, ein

Gewohnheitstier zu sein. Unsere Rituale sind scheinbar überlebenswichtig, um unser Gehirn vor der Vielzahl der Entscheidungen, die in unserem Alltag anstehen, zu entlasten.

Denn bis zu 40 Prozent aller täglichen Entscheidungen werden durch eingeübte und erprobte Gewohnheiten ersetzt. Sie laufen sozusagen im Leerlauf durch. Auf diesem Wege haben wir Energie für wirklich wichtige Entscheidungen und produktive Planungen: Wann hole ich mein Kind aus dem Kindergarten ab, nehme ich den neuen Job an, investiere ich in einen ETF-Sparplan und vor allem in welchen.

Sind Gewohnheiten gut oder schlecht?

Viele unserer Gewohnheiten sind über Jahre entstanden und sie laufen teilweise täglich ab, ohne dass wir uns Gedanken über sie machen. Manchmal aber nehmen wir sie wahr und stellen zum Beispiel fest, dass wir diese Gewohnheit doch gerne ablegen wollten. Eventuell bekommen wir sogar ein schlechtes Gewissen, dass wir sie haben.

Die meisten haben schon häufig gehört, dass es besser sei, sofort aufzustehen, wenn der Wecker klingelt. Doch trotzdem drehen wir uns noch mal um und geben uns dem Schlummern hin. Irgendwo haben wir mal gehört, dies sei eigentlich schlecht für unseren Organismus und das Gefühl ausgeschlafen zu sein. Und trotzdem drücken wir den Snooze-Button. Ich nehme mich da nicht aus. Bis zu 60 Minuten schlummerte ich früher so vor mich hin. Obwohl ich mich dann tatsächlich wie gerädert fühlte.

Wir stecken doch alle in irgendwelchen negativen Gewohnheiten fest: Die vermeintlichen, täglichen 10 Minuten mehr Schlaf, das Rauchen oder der Nachschlag beim Abendessen, obwohl wir schon längst satt sind. Wir wissen es insgeheim, aber so richtig können wir uns nicht dazu bewegen, damit aufzuhören. Und hier zeigt sich – mit unseren schlechten Gewohnheiten zu brechen, ist relativ schwer.

Aus diesem Grund haben wir auch ein gespaltenes Verhältnis zu Gewohnheiten. Denn oft nehmen wir in unserem Alltag vornehmlich unsere schlechten Gewohnheiten wahr. Daher denken wir zunächst häufig an diese eher schwierig auszumerzenden Angewohnheiten. Selten besinnen wir uns auf unsere guten Rituale. Und weißt du warum? Weil es Routinen sind, die nun mal automatisch ablaufen und kaum noch von uns bemerkt werden. Sie sind da. Wir dürfen nur etwas genauer hinsehen und sie bewusst verstärken.

Entscheidend ist, wie wir unsere eigenen Gewohnheiten wahrnehmen und, was wir tun müssen, um diese aufrecht zu erhalten. Positive Gewohnheiten sorgen beispielsweise für gute Laune und Energie. Sie stellen einen Treiber für unsere persönliche Entwicklung, unsere physische und psychische Gesundheit dar. Durch sie können wir in kleinen Schritten großen Zielen näherkommen. Regelmäßige Sport-Einheiten, Meditationen, die Angewohnheit gesund und frisch zu essen oder täglich zehn Seiten in einem Buch zu lesen – all dies sind positive Gewohnheiten. Du hast wahrscheinlich auch einige davon, oder?

Negative Gebräuche verhindern jedoch oft, dass wir Fortschritte machen – sie entfernen uns sogar eher von unseren Zielen. Jeden Abend ein weiterer Teller des leckeren Essens, macht uns leider irgendwann dick und träge. Auch, wenn wir vordergründig vorgehabt hatten, schlanker zu werden.

Da positive Gewohnheiten so viel Macht haben, soll dieses Buch sich vornehmlich um den Aufbau dieser kümmern. Denn es hat sich gezeigt, dass man indirekt seinen schlechten Angewohnheiten zu Leibe rücken kann, indem man stattdessen ein *happy ritual* (eine positive Gewohnheit) einübt. So kannst du täglich 20 Seiten in einem spannenden Buch lesen, anstatt dich vom Fernsehgerät mit „leichter Kost“ berieseln zu lassen. Positive Gewohnheiten sind ein wesentlicher Schlüssel, um unser Leben erfolgreicher und glücklicher zu machen.

Wollen wir nicht alle erfolgreich und glücklich sein? Ich denke schon.

Daher möchte ich dir dabei helfen, mit kleinen Schritten deine *happy rituals* aufzubauen, um dies zu erreichen.

happy ritual – Step 3

Aufstehen, duschen, zur Arbeit gehen. Hier mein Bestes geben. Nach Hause und schnell noch den Hobbies nachgehen, dann wieder schlafen. Immer und immer wieder. An jedem Tag meistens das Gleiche. Außer am Wochenende: Das Wochenende – da kann man sein, wie man will. Dem sehnt man sich schon am Montag wieder entgegen.

Kennst du das? Lebst du auch nur noch fürs Wochenende?

Ich möchte aber nicht mehr 80 Prozent meiner Zeit nur warten und hoffen. Ich habe stattdessen beschlossen, dass es jedem Tag gegönnt sein sollte, von mir wie ein Wochenendtag gefeiert zu werden. Trotz Arbeit. Doch mit positiven Gefühlen und einem verbindenden Element: Ich kann jeden Tag zum Besten meines Lebens machen. Es liegt ganz allein an mir.

Manchmal geht es soweit, dass wir Trennungen, Jobwechsel, komplette Typveränderungen, manchmal sogar Umzüge in ein ganz anderes Land in Erwägung ziehen, statt genau hinzusehen und in uns hineinhören, um die Antwort auf folgende Frage zu finden: Was will ich wirklich? Was brauche ich in meinem Leben?

Dabei braucht es oft gar nicht den großen Befreiungsschlag. Auch mit kleinen Herausforderungen im Leben aktivieren wir wieder unseren aktiven Blick und öffnen uns für positive Gefühle. Dabei kann die Herausforderung klein oder groß sein, sie muss uns nur die Möglichkeit geben zu wachsen. Ob nun einen Handstand oder das Malen eines Hundebaby meistern – alles kann herausfordernd sein und den Alltagstrott in die Knie zwingen.

happy ritual – Step 4

Es half mir, mich bewusst gegen etwas zu entscheiden. Hier nahm es unter anderem seinen Anfang. Für mein Jahr 2019 hoffte ich, dass es besser wurde, als das Jahr davor. Trotzdem hatte ich Ende 2018 beschlossen, mir für das kommende Jahr keine Neujahrsvorsätze mehr zu machen. Ich wollte nicht mehr meine Hoffnungen gleich im ersten Monat zerschellen sehen. Alles auf eine Karte setzen, um dann vom Leben übertrumpft zu werden! Nein, ich wollte mich zwar verändern und mein Leben besser machen, aber ich gab mir Zeit.

Zeit, die es braucht, damit Veränderung wirklich ankommt und bleibt. Zeit, die ich brauche, um mich auch an diese Veränderung zu gewöhnen. Schritt für Schritt. Monat für Monat.

Neuanfang: Sind Vorsätze Fortsätze unseres bisherigen Lebens?

Häufig haben wir in solchen Situationen, wenn wir merkten, wir müssten etwas ändern, fleißig Neujahrsvorsätze gefasst. Diese waren für uns bisher die Möglichkeit, etwas zu beeinflussen, wenn wir nicht große Umbrüche in unserem Leben wagen wollten.

Neujahrvorsätze – diese Vorhaben setzen wir uns zum Ende eines Jahres, da in dem Jahreswechsel die Hoffnung auf einen Umbruch liegt. Neues Jahr, neuer Anfang, neues Glück. In diesem kalendarischen Übergang vom alten zum neuen Jahr, liegt ein Gefühl eines kompletten Neuanfangs. Doch leider ist dies nur ein Gedankenkonstrukt. Denn wir ändern uns nicht von einem Tag auf den anderen. Wir brauchen als Mensch mit unseren komplexen Angewohnheiten etwas länger, um etwas in unserem Leben nachhaltig zu verändern.

Neujahr ist möglicherweise auch zeitlich noch etwas weit hin – je nachdem, wann du dieses Buch liest. Warte nicht auf das Neujahr, wenn gerade Mai ist und du dir vornehmen möchtest, mehr Sport zu machen. Zwischen dem Wunsch, etwas umzusetzen, und dem Start sollte möglichst wenig Zeit liegen, am besten nur 72 Stunden – keine sieben Monate. Warum? Da du sonst eventuell dein Vorhaben vergisst, verdrängst, keine Zeit oder wieder eine andere Priorität hast.

Leider haben Neujahrsvorsätze zudem, in ihrer klassischen Form, selten den Erfolg, den wir uns wünschen. Die Erfolgsquote von Vorsätzen sieht leider nicht unbedingt rosig aus: 20 Prozent der Befragten einer Statista Umfrage[i] sagten noch, sie brechen keine Vorsätze. Nur weitere 14 Prozent hielten länger als 4 Monate durch. Der Rest der Statistik reduziert dann in ungefähr 12 Prozent Schritten die Zeit, die die Befragten an ihren Vorsätzen dranblieben. Ganze 39 Prozent aller Teilnehmer der Online-Umfrage gaben an, dass ihr Vorsatz sie nur bis zu einem Monat begleitete (15%: Stunden bis 1 Woche; 12%: 2-3 Wochen; 12%: 4 Wochen). 13 Prozent schafften 2 bis 4 Monate. Einige fassten jedoch gar keine Vorsätze (14 Prozent). Diese Statistik zeigt, dass man nicht allzu viel Vertrauen in die Nachhaltigkeit von Neujahrsvorsätzen stecken sollte.

Dies zeigt häufig schon ein prüfender Blick in unser Innerstes. Wie viele Vorsätze hast du schon einmal gefasst, die dich wirklich zum gewünschten Erfolg geführt haben? Natürlich gibt es Ausnahmen, aber wenn wir ehrlich mit uns sind, dann hat bisher kaum eine langanhaltende Veränderung mit dem 1. Januar begonnen.

Wir nehmen uns vor, mit diesem Tag unser komplettes Leben oder Teilbereiche, die uns unzufrieden machen, ändern zu wollen. Doch dies ist, wie manche von uns schmerzlich erfahren haben, keine gute Idee. Zu oft verfliegt die Motivation des Neuanfangs wieder und alte Routinen überlagern unsere Vorhaben wieder. Man könnte fast meinen, Vorsätze sind die Fortsätze unseres alten Lebens.

Natürlich habe ich mir jahrelang auch zum Anfang eines Jahres gesagt: „Christin, jetzt machst du ab sofort alles besser!“. Ich habe mir Pläne gemacht und wollte mit vollem Elan ab sofort alles gleichzeitig ändern und umsetzen.

Ab dem 2. Januar besuchen wir dann wieder das lang vernachlässigte Fitnessstudio, setzen uns nach der Weihnachtsvöllerei und unserem Silvester-Raclette von heute auf morgen auf Diät oder rauchen am 31.12. die obligatorische, letzte Zigarette. Mit dem neuen Jahr wird ALLES ANDERS!

Wir sind zunächst richtig motiviert. Zwei, drei Tage läuft alles gut. Wir versuchen alles, um dran zu bleiben. Um dieses Motivationslevel zu halten, brauchen wir jedoch enorm viel Energie. Denn um unsere Angewohnheiten umzupolen, müssen wir stetig andere Entscheidungen treffen, als wir es bisher gewohnt sind.

Denn wenn wir sonst eher mit einer Tüte Chips oder Tafel Schokolade auf der Couch den Abend ausklingen ließen, heißt es nun, sich jeden Tag bewusst dagegen zu entscheiden und stattdessen auf das Laufband oder die Yogamatte umzuziehen. Zusätzlich verlangt möglicherweise dein Körper nach Nikotin und der dritte Salat in Folge hinterlässt ein starkes Verlangen nach einer Alternative. Da kommt schnell eher Frust auf, als Erfolg.

Das hört sich nicht nur nach Stress an, dass ist es für dich, deinen Geist und deinen Körper auch. Denn nicht geübte Entscheidungen brauchen Energie und Willenskraft.

Wir sind Gewohnheitstiere und fallen recht schnell in unsere eingeübten Abläufe zurück. Kommt dann auch noch Stress von außen hinzu, so wird gemäß einer Studie der Universität Zürich[ii], die Selbstkontrolle herabgesetzt und man entscheidet sich wieder belohnungsorientiert. Hallo Pommes mit Currywurst und Fernsehabend mit „Game of Thrones“ statt Salat und Yoga im Gym.

Das ständige Scheitern an den alljährlichen Vorsätzen ist Gift für dich und dein Selbstwertgefühl. Wenn du zum wiederholten Male bereits in der zweiten Januarwoche dein Diätvorhaben gebrochen hast, dann besteht die Gefahr, dass du dich als Versager fühlst. Diplom-Psychologe Rolf Schmiel führt an, man könne dadurch in eine "erlernte Hilflosigkeit" verfallen.[iii] Er sagt, dass derjenige, der immer wieder mit verfehlten Vorsätzen zurechtkommen muss, sich das stetige Versagen antrainiert. Wer dreimal seine Vorsätze gebrochen hat, wird beim vierten Mal sagen: „Nein, keine Vorsätze für mich. Das schaffe ich doch sowieso nicht.“ So kommt es, dass ein Glaubenssatz verinnerlicht wird, dass alles was man sich vornimmt, sowieso direkt in der Tonne landet. Keine gute Idee.

Wenn wir also etwas in unserem Leben ändern und endlich auch mit der Umsetzung beginnen möchten, dann sollten wir uns eine alternative Strategie zurechtlegen. Eine andere, als ab dem Neujahrsmorgen alles anders machen zu wollen.

Wenn wir etwas in unserem Leben ändern möchten, dann sollten wir uns auf Gewohnheiten konzentrieren. Und zwar, indem wir Rituale, die glücklich machen, in unser Leben einbauen. Die Lösung sind deine eigenen, kleinen *happy rituals*: Wir müssen die Dinge einfach wieder anpacken, sie von einem anderen Blickwinkel betrachten und jede Gelegenheit nutzen, neue Dinge in unser Leben zu bringen.

Wie machen wir das genau? Mit 30-Tage-Challenges.

happy ritual – Step 5

Wo soll ich neue Gewohnheiten in meinen Tag einbauen? Mit dieser Frage beschäftigte ich mich sehr ausführlich. Doch insgeheim wusste ich die richtige Antwort bereits: Mein Morgen bietet ausreichend Platz und Zeit, um Gewohnheiten unterzubringen. Wie bereits erwähnt habe ich früher oft meinen Wecker 4-mal in den Snooze-Zustand versetzt, bevor ich wirklich aufstand.

Was ist, wenn ich diese Zeit stattdessen nutze, um positive Gewohnheiten in mein Leben zu integrieren? So kam es, dass ich mir nach und nach eine Morgenroutine aufbaute. Und das stellt für mich die größte Bereicherung in meinem Leben dar.

Ich liebe meine Morgenroutine!

30-Tage-Challenges als Wachstums-möglichkeit

Es gibt viele Challenges: 1-Tages-Challenges, 5-Tages, Wochen-, Jahreschallenges oder die besagten 30-Tage-Challenges. Warum Monats-Challenges so wirksam sind, darauf gehen wir später noch ein. Doch zunächst einmal die Grundlagen.

Der Begriff *Challenge* kommt aus dem Englischen und bedeutet Herausforderung, aber im weiteren Sinne auch Infragestellung.

Sie kann also die Infragestellung deines Alltags sein, den du vielleicht als eingefahren wahrnimmst. Sie wirkt wie ein Blick über den Tellerrand unserer täglichen Handlungen.

Das Leben kosten

Warum empfiehlt es sich, sich regelmäßig mit Challenges zu testen? Ich kann für mich folgende Antworten geben: Weil ich mich ausprobieren möchte und die einzigartige Spannweite des Lebens auskosten will. Zudem gelingt es mir, durch das bewusste Setzen von Glücksgewohnheiten jeden Tag besonders zu machen.

Probetragen von Gewohnheiten

Das Besondere an 30-Tage-Challenges ist, dass du an diesen Tagen eine Gewohnheit sozusagen „Probetragen" kannst. Sie sind die Möglichkeit etwas auszuprobieren und Neues zu erfahren. Nach diesen 30 Tagen kannst du dich dann fragen: Möchte ich damit weitermachen oder lasse ich dies nun wieder sein. Auch wenn du merkst, diese spezifische Gewohnheit ist nichts für dich, dann hast du trotzdem etwas Großes erreicht: Du hast 30 Tage lang eine Challenge durchgezogen! Das allein ist Grund genug dir Selbstvertrauen und Bestätigung zu geben. Dass du schaffen kannst, was du dir vornimmst.

Stimmungsboost

Durch neue Aktivitäten im täglichen Ablauf und der Neujustierung von eigenen Ansichten wirst du im Allgemeinen zufriedener und deine Laune wird nachhaltig angehoben. Die Aufregung sich zu überwinden und dranzubleiben ist ein *Boost* für deine Stimmung, und überträgt sich möglicherweise auch auf dein Umfeld.

Glück durch neue Impulse

Mit einer Challenge hast du ein selbst gewähltes Ziel, an dem du in deinen Schritten und selbstbestimmt arbeiten kannst. Neues macht glücklich – auch wenn dies nicht für jeden sofort ersichtlich ist. Denn beim Erarbeiten von neuem Wissen und beim Erleben von frischen Erfahrungen werden Endorphine, auch Glücksbotenstoffe genannt, ausgeschüttet.

Entdeckungsreise

Du machst dich auf den Weg in ein unbekanntes Terrain, du bist offener und wirst kreativ, um neue Herausforderungen zu bestehen. Als kleine Kinder erlebten wir unseren Alltag offen und neugierig. Jedes noch so kleine Ereignis war neu und aufregend. Lasst uns diese Einstellung wieder in uns entdecken!

Gelassenheit und Zuversicht

Wer an Herausforderungen wächst, der wird gelassener und den haut auch nicht mehr so viel um. Denn durch die ständige bewusste Beschäftigung mit dem Unbekannten, beginnst du an dich selbst und daran zu glauben, dass du alles schaffen kannst, was du dir vornimmst.

happy rituals – Step 6

Ich bin ein „Duracell-Hase". Außerdem sind mein Schweinehund und ich ein gutes Team. Er hat eigentlich selten etwas zu sagen. Denn ich halte ihn an der kurzen Leine, wie man so schön sagt.

Ich funktioniere aus eigenem Antrieb. Ich brauche keine äußeren Faktoren. Alles was ich tue und die Energie, die ich dafür brauche, nehme ich aus mir selbst.

Ich bin mir bewusst, dass dies in den Augen anderer, welche anders funktionieren, häufig getrieben wirkt. Ja, wenn wir es so benennen wollen, dann bin ich eine Getriebene. Ich jage meinen Träumen nach und gehe meinen Weg, manchmal auch ohne Unterlass. Das wird häufig von meinem Umfeld als sehr anstrengend wahrgenommen. Doch ich kann und will mich nicht ändern. Denn so bin ich nun mal. Motivation fehlt mir auf jeden Fall nicht.

So habe ich stattdessen andere Kämpfe auszufechten. Ich muss mich hingegen häufig dazu zwingen, einmal langsam zu machen und mich zu erholen. Ich habe nämlich selten Langeweile und immer was zu tun. Ich könnte jede Minute des Tages mit einer sinnvollen Tätigkeit füllen. Einfach auf der Couch sitzen und entspannen, dass kommt bei mir höchst selten vor. Tatsächlich nehme ich mir jetzt mal bewusst einen Abend oder ein paar Stunden eine Auszeit von meinem „Duracell-Hasen"-Dasein.

Ich habe verstanden, dass jeder anders funktioniert. Wir sollten in uns hinein hören, was wir brauchen, um dran zu bleiben, um gesund zu bleiben und nicht vor lauter Aufgaben auf der Strecke zu bleiben. Du gibst den Takt vor. Höre in dich hinein und gehe deinen eigenen Weg.

Motivation ist wichtig, doch welche davon zieht dich

Motivation ist eine der wichtigsten Zutaten für das Bestehen einer Challenge, das ist richtig. Doch was für den einen Motivation pur ist, ist für den anderen nicht gleich wirksam. Denn wir unterscheiden zwei Motivationsausprägungen: Die intrinsische und die extrinsische Motivation.

Die intrinsische Motivation kommt von innen – du willst aus eigenem Willen etwas erreichen. Der innere Antrieb in uns reicht in der Regel aus, um dran zu bleiben. Wir wollen etwas erreichen und das hält uns bei der der Stange. Es macht für uns Sinn, und das ist das Wichtigste in unserem Verhalten. Menschen mit einer intrinsisch starken Motivation schaffen es, sich von selbst aus zu motivieren. Sie haben in der Regel keine Probleme sich eigenständig aufzuraffen, um ins Fitnessstudio zu gehen. Sie setzen und halten sich vor allem an Ziele auch ohne drohende Deadline und mahnenden Chef, der ihnen im Rücken steht. Häufig sind diese Menschen auch vor der Zeit fertig, falls es einen Termin geben sollte.

Die extrinsischen Motivationsquellen hingegen sind Fristen oder äußere Umstände, die etwas von uns erfordern. Ein Mensch, der auf extrinsische Faktoren reagiert, braucht äußere Stimuli oder auch Druckfaktoren, um ins Handeln zu kommen. Sie sind häufig angetrieben durch eine Projekt-Deadline, die Unterstützung im Team oder das Lob und die Anerkennung durch andere.

Ein gutes Beispiel, an dem man dies verdeutlichen kann, ist das regelmäßige Aufraffen zum Sport. Hast du die innere Motivation zu trainieren, dann trainierst du. Denn du willst fit und gesund bleiben. Wenn du jedoch eher der Typ bist, der auf extrinsische Motivationsreize reagiert, dann benötigst du häufig noch einen kleinen Schubs von außen. Wenn es dir also häufig Probleme macht, dich zum Sport aufzuraffen, dann such dir einen Trainingspartner! So ist es dann gar nicht mehr so einfach, den Schweinehund siegen zu lassen. Denn jemand der auf dich wartet, ist für dich ein guter Antrieb, um zum Training zu gehen.

Anhand dieser Informationen kannst du viel darüber lernen, wie du selbst deine Ziele erreichen kannst. Denn wenn du dich und die für dich passende Motivationsquelle – ob nun die innere oder die äußere – kennst, dann kannst du ab sofort deine Herangehensweise an Veränderungen und Challenges ganz anders planen und diese gezielt nutzen, um dein Vorhaben zu erreichen.

Frage dich daher, bevor du weiterliest:

Welcher Motivationstyp bist du? Intrinsisch oder extrinsisch?

Ist die Motivation in dir selbst so stark, dass du aus eigener Überzeugung heraus deine Vorhaben umsetzen kannst?

Oder brauchst du einen Reiz von außen, also eher eine drohende Deadline oder jemanden, der dich an dein Vorhaben erinnert?

Welche Schritte kannst du einleiten, damit du bei deinem Vorhaben durch die Motivationsfaktoren unterstützt wirst, auf die du anspringst? Suchst du dir einen Buddy für die Umsetzung und ihr motiviert euch gegenseitig? Erzählst du deiner Familie, deinen Freunden oder Kollegen von deiner Challenge, so dass du jemanden hast, der sich nach dem Fortgang deiner Challenge erkundigt?

Aus dieser Unterscheidung in innere und äußere Erwartungen hat die amerikanische Autorin Gretchen Rubin eine Grundtypenmatrix zur Einordung von Persönlichkeitstypen erstellt.[iv] Rubin unterscheidet zwischen vier Grundverhaltensmustern, wie wir motiviert werden und bleiben.

Die Basis Ihrer Matrix besteht darin, zu zeigen wie die Persönlichkeit auf innere und äußere Erwartungen reagieren.

Ich habe euch diese einmal in folgender Grafik zusammengefasst. Ein Plus bedeutet, dass dies für die Person wichtig ist. Bei einem Minus hat dies eher wenig bis keinen Einfluss auf die Person.

+ Innere Faktoren + Äußere Faktoren = **Plichterfüller**	+ Innere Faktoren - Äußere Faktoren = **Infragesteller**
- Innere Faktoren + Äußere Faktoren = **Teamplayer**	- Innere Faktoren - Äußere Faktoren = **Rebell**

Grafik 1: Übersicht über die vier Grundverhaltensmuster nach Gretchen Rubin.[v]

Rubin unterscheidet vier verschiedene Charaktere: So gibt es einen Typ, der sowohl auf innere und äußere Ansprüche gleich stark reagiert und dem Wunsch folgt, beide zu erfüllen („Pflichterfüller“ oder „Macher“). Der „Rebell“ steht dem „Pflichterfüller“ konträr gegenüber, denn er lässt sich weder durch äußere noch innere Erwartungen animieren. Dazwischen gibt es den „Infragesteller“ (Innere Erwartungen ja, äußere nur wenn diese ihm sinnvoll erscheinen) und den „Teamplayer“, welcher sich vornehmlich durch äußere Faktoren motivieren kann. Dieser steht bei jeder Trainingseinheit im Teamsport auf dem Platz, kann sich aber selten allein für eine Laufrunde motivieren.

Ich habe Rubins Persönlichkeitstest gemacht und nach ihrem Muster bin ich ein „Infragesteller“, was ich bestätigen kann. Wenn ich mich einem Vorhaben widme, bei dem ich weiß, ich habe etwas davon und mein innerer Antrieb sagt „Ja“, dann bin ich dabei. Wenn nur eine externe Empfehlung ausgesprochen wird und ich nicht dahinterstehe, dann sieht das für die Erfüllung ganz schlecht aus.

Wenn du also mit deiner Challenge nicht so wirklich vorankommst, weil dir Energie und (scheinbar) auch Zeit fehlt, dann solltest du einmal schauen, welche persönliche Ausprägung du mitbringst. Es hilft also zu wissen, wie du funktionierst, wenn du etwas erreichen willst. Welchem Grundverhaltensmuster du entsprichst, kannst mit dem offiziellen Test auf folgender englischsprachigen Webseite ermitteln: https://quiz.gretchenrubin.com.

Der größte Antreiber für dich ist jedoch dein Warum. Diese Frage solltest du dir täglich stellen. Warum tust du das, was du gerade tust? Warum möchtest du eine 30-Tage-Challenge machen? Warum bist du heute da, wo du gerade bist? Warum bist du hier auf dieser Erde?

Denn wenn du diese Frage nach deinem Warum glasklar beantworten kannst, dann ergibt sich dir auch die Antwort, wie du dir Motivation aufbaust. Wenn du den Grund für dein Leben und deine Aufgabe vor Augen hast, brauchst du keine weiteren Gründe mehr, um motiviert zu sein. Du bist es einfach. Daher machen wir uns jetzt auf die Suche nach deinem Warum.

happy ritual – Step 7

Im April 2020 habe ich mir die Challenge gesetzt, jeden Tag um 05:00 Uhr morgens aufzustehen. Weitere Vorgaben: Nicht noch mal umdrehen, sondern wenn der Wecker klingelt, dann heißt es: Raus aus dem Bett.

5:00 Uhr früh aufzustehen war für mich bisher nur in absoluten Ausnahmen möglich. Bisher war die Snooze-Taste an meinem Wecker meine Lieblingstaste und am Wochenende schlief ich gerne auch mal aus. Ich würde mich keineswegs als Mensch bezeichnen, der von sich aus, um 5:00 Uhr wach wird. Ich bin weder „Lärche" (Morgenmensch), noch „Eule" (Nachtmensch). Ich gehöre zu den Menschen, die genau dazwischen am besten funktionieren. Vielleicht bin ich ja eine Taube oder eine Amsel? Who knows?!

Trotzdem gelingt mir die Herausforderung, so früh aufstehen, bisher wirklich gut. Weil hinter diesem Vorhaben ein wirklich starkes „Warum" steht. Ich mache dies nicht, um des frühen Aufstehens willens oder um mir zu beweisen, dass ich es schaffe. Nein, ich habe diese Entscheidung bewusst getroffen, um dieses Buch zu ermöglichen. Ein Buch zu schreiben, ist schon seit jeher ein Lebenstraum von mir. Und um mir diesen Traum zu erfüllen, erwiesen sich die Morgenstunden nicht nur als die frischeste Zeit, sondern auch als die einzige, wenn man einen regulären Bürotag von 9:00 bis 17:00 Uhr abzudecken hat.

Dieses Warum ist für mich stark genug, dass ich zudem nach dem ersten Klingeln des Weckers sofort hell wach bin und aufstehe, statt mich wie früher noch einmal gemütlich im Bett umzudrehen. Mein „Warum" hältst du jetzt also in Händen bzw. liest es gerade.

Warum tust du, was du tust?

Du kannst dir Pläne und Ziele aufstellen, ohne genau zu wissen, warum du sie machst. Du kannst lange hinter etwas oder jemandem hinterher sein, auch ohne zu wissen, warum genau diese Sache, dieser Mensch oder dieser Plan für dich so anziehend ist. Wenn du dann angekommen bist, wunderst du dich: Auf einmal ist das Ankommen am Ziel für dich nicht mehr so interessant wie zuvor angenommen. Die Verwirrung ist dementsprechend groß. Wieso genau ist das so?

Weil ein genaues „Warum“ fehlte.

Es ist wichtig zu wissen, warum man etwas angeht. Diese Frage beziehungsweise diese Antwort hilft dir auch durch die schlimmsten Motivationslöcher hinweg. Denn wenn dein „Warum“ groß genug ist, dann nimmst du auch die schwierigsten Probleme auf dich.

Was treibt dich an?

Willst du an einer Challenge dranbleiben, ist es also wichtig genau zu wissen, warum du diese angehst. Und dieses „Warum“ muss stark genug sein, um dich über einen längeren Zeitraum, zumindest für 30 Tage bei der Stange zu halten.

Aus Langeweile, vor allem jetzt in Corona-Zeiten, eine 30-Tage-Challenge zu starten, ist eine Möglichkeit. Doch dieser Beweggrund – und da muss ich ehrlich mit dir sein – wird wahrscheinlich irgendwann nicht mehr die benötigte Energie in dir freisetzen, damit du dich tagtäglich aufraffst. Je nachdem wie dein Grundverhaltensmuster aufgestellt ist und du deine inneren und äußeren Faktoren gewichtest, versiegen hier recht schnell die Motivation und die Entscheidungsenergie deine Challenge durchzuziehen. Die Gefahr ist zu groß, dass du mittendrin aufhörst, weil es zu viel Überwindung kostet.

Weitere Motivatoren

In der Regel beginnt man eine Veränderung aus einem von zwei Gründen: Man will entweder „hin zu etwas“ oder man möchte „weg von etwas“. Der Antrieb ist auf einer dieser beiden Seiten zu finden. „Du möchtest etwas Neues für dich erreichen“ versus „Du möchtest etwas Altes ablegen“. Wenn du dir bewusst bist, was dich antreibt, dann wird der Gedanke aufzugeben weniger Relevanz für dich haben.

Eine „Weg-von-Motivation“ ist eine Flucht aus Bestehendem und ist vornehmlich ein Entkommen aus einer Situation. So stark sie auch sein mag, sie ist eher immer ein Blick zurück. In der Umsetzung ist dies schwierig, denn du willst zwar weg, weißt aber nicht wohin. So verrennst du dich schnell mal in eine Richtung, die gar nicht dahin führt, wohin du wolltest.

Entwickle deine Hin-zu-Motivation

Auch wenn die „Weg-von-Motivation“ ein äußerst starker Motivator ist, empfiehlt es sich mit einer „Hin-zu-Motivation“ zu arbeiten. Entwickle daher aus einer „Weg-von-“ eine „Hin-zu-Motivation“.

Am besten stellst du dir dazu regelmäßig die Frage „Was willst du für eine Person sein?“. Dann hast du ein klares Bild vor Augen und ein Ziel, dass du erreichen willst. Zum Beispiel könntest du dich als erfolgreiche und selbstbewusste Frau sehen. Diese geht sicher ihren Weg, sie erlebt den Alltag bewusst und zufrieden und für sie ist Optimismus die erste und beste Reaktion auf alles. Hört sich das gut an? Mit diesem klaren Wunschbild für die Zukunft kannst du bereits erste Schritte einleiten und dich in diese Richtung orientieren.

Auch ich bin 2018 aus einer „Weg-von-Motivation“ gestartet. Durch die Planung, aber vor allem mit dem Erleben meiner ersten Challenges, hat sich in mir die Motivation gedreht und ich habe immer mehr ein klareres Bild von meiner eigenen Wunschperson vor Augen gehabt. Und zwar indem ich mich ständig gefragt habe, was ich für mich erreichen will und in was für einen Menschen, ich mich entwickeln möchte. Dann kommt nämlich sofort die nächste Frage auf: Was braucht es dafür?

Im ersten Halbjahr meines neuen Lebens mit all den tollen geplanten Challenges wollte ich Zufriedenheit und Glück erreichen sowie mehr Leichtigkeit im Leben entwickeln. Ein wichtiger Antreiber für mich war es, dass ich wieder die Freude für die kleinen Dinge und Momente empfinden wollte. Chancen, die das Leben gibt, offen annehmen, aber vor allem erkennen zu können. Ich wollte raus aus der Unzufriedenheit und ein lebensfroher, glücklicher und zufriedener Mensch werden. Hier fand der Übergang von der „Weg-von-" zu der „Hin-zu-Motivation" statt.

Ich entwickelte auf dem Weg eine neue Vision von mir. Mir schwebt ein Zielbild von einer erfolgreichen Bloggerin, Autorin und Coachin vor Augen. Diesem Leitbild folge ich jetzt. Aus meiner „Weg-von-Motivation", die zunächst allein für mich galt, wurde für mich ein „Warum", dass über mich hinaus geht. Jetzt möchte ich anderen Menschen dabei helfen in ihre Kraft zu kommen. Indem ich ihnen neue oder andere Wege aufzeige, wie sie in kleinen Schritten und fast nebenbei ihre Potentiale voll ausschöpfen können.

Die verbindenden Elemente in meinen Zielformulierungen waren und sind die *happy rituals*, die Glücksgewohnheiten, auf denen diese Entwicklung fußt. Was darf ich also lernen, um zu dieser Person zu werden? Dieses Wissen möchte ich dir gerne weitergeben. Es sind kleine Lernschritte, die ich dir zeige und die du dir in kleine Gewohnheits-Häppchen aufteilen kannst. Somit wirst du stetig an deinem Zielbild – deinem idealen Ich – arbeiten und ihm immer näherkommen.

Dieses Zielbild von mir als erfolgreicher Coach, Bloggerin und Autorin ist für mich eine Richtschnur. Da will oder wollte ich hin. So habe ich einen Fixstern, der mir den Weg zeigen kann.

Falls du gerade noch etwas Probleme hast, dein eigenes „Warum“ und deine Motivation zu formulieren, lass uns jetzt gemeinsam eine Übung machen.

Die Warum-Übung

Am besten legst du dir jetzt Stift und Papier bereit. Schreib das auf, was du herausfindest, damit du es immer wieder zur Hand nehmen kannst. So kannst du dich immer wieder bestärken, falls du einmal mit deiner Motivation hadern solltest. Da hilft es, dir vor Augen zu führen, weshalb du dieses Vorhaben angegangen bist. Das wirkt manchmal Wunder im Hinblick auf einen neuen Motivationsschub.

Frage dich mehrmals nach dem „Warum"

Wenn du etwas erreichen möchtest und deine Beweggründe dahinter wissen möchtest, dann gewöhne dir an, mehrfach (mindestens dreimal) nach dem „Warum" zu fragen. Denn die erste Antwort, die du dir gibst, ist wahrscheinlich nicht die darunter liegende „wirkliche" Intention.

Es fühlt sich zunächst einmal sehr irritierend an, mehrfach die gleiche Frage zu beantworten. Aber versuche es einfach. Auch wenn sich dies für dich merkwürdig und redundant anfühlt, halte es bitte einfach mal aus. Das Vorgehen wird sich dir sicher erschließen, denn so kommst du manchmal zu spannenden und aufschlussreichen Ergebnissen und Antworten.

Ein kleines Beispiel:

Du möchtest im kommenden Monat dein Zuhause entrümpeln und ausmisten.

Nun stellst du dir die Frage, warum du ausmisten möchtest. Du antwortest spontan und ohne nachzudenken. Du stellst dir daraufhin die Frage noch mehrmals und gehst damit immer tiefer hinein in dein „Warum".

Gehe mit jeder Frage eine Ebene tiefer und lass alles zu, was kommt.

Dies könnte so aussehen:

Frage: Warum möchtest du ausmisten?

Deine Antwort: Alles liegt rum, es herrscht große Unordnung und ich finde nichts mehr.

Frage: Warum willst du dann also ausmisten?

Deine Antwort: Ich habe zu viele Gegenstände und ich weiß schon gar nicht mehr, was ich alles habe.

Frage: Warum möchtest du entrümpeln?

Deine Antwort: Weil mich die schiere Menge an Dingen in meinem Leben überfordert und ich deswegen keinen klaren Gedanken mehr fassen kann.

Frage: Warum willst du also entrümpeln?

Deine Antwort: Ich will mehr Klarheit, Einfachheit in meinem Leben. Ich sehne mich nach der Möglichkeit mich wieder neu zu entfalten. Ich will, dass was mich belastet, hinter mir lassen.

So und nun kannst du hier diese Übung machen.

Frage 1:

Warum will ich im Ausland gehen?

- weil ich mich inspirieren lassen möchte von der fremden Kultur
- weil ich eintauchen möchte in die engl. oder spanische Sprache
- weil es mir tolle Entwicklungsmöglichkeiten bietet
- weil es cool ist
- weil es mich bereichert + Wachstum bietet

Frage 2:

Warum will ich näher an der Natur leben?

- weil es Balsam für die Seele ist
- weil es mir gut tut
- weil ich da Gott näher bin

Frage 3:

Warum will ich keinen 9:5 Job mehr?

- weil es viel zu anstrengend ist
- weil ich fremdbestimmt bin
- weil das Leben mehr zu bieten hat
- weil das Leben viel zu schnell vorbei geht
- weil ich leben + lachen + reisen will

Frage 4:

Warum ____________________?

Frage 5:

Warum________________________________?

Ein kleiner Hinweis: Die Wortwahl der Frage ist nicht ausschlaggebend, es kommt auf das Fragewort „Warum“ und die Beantwortung der Fragen an.

Wie du an diesem Beispiel siehst, waren die ersten Antworten noch ziemlich „oberflächlich“ und erst mit den letzten zwei Warum-Fragen, kam der tief darunterliegende Antrieb zum Vorschein.

Deine letzte Antwort offenbart, dass dir die Dinge, die sich in deinem Äußeren angesammelt haben, auch Rückschlüsse auf dein Inneres geben können. Wenn du also weißt, dass du nicht nur wegen der Ordnung in deinen vier Wänden ausmistest, sondern weil du dir daraus erhoffst, dass es dir danach auch seelisch besser geht, dann bleibst du eher dran. Möglicherweise auch wenn draußen das schönste Wetter sein sollte oder andere Ablenkungen lauern.

Platz für weitere Notizen:

happy rituals – Step 8

Um 5:00 Uhr klingelt nun für mich seit über einem Monat der Wecker. Damit ich aber weiterhin genug erholsamen Schlaf bekomme, wollte ich meinen gesamten Schlafzyklus verschieben. Um also sieben Stunden Nachtruhe zu bekommen, war 22:00 Uhr nun meine neue Schlafenszeit.

Ich war überrascht, dass mir bei dieser Umstellung weniger das frühe Aufzustehen schwerfiel, als entsprechend früher ins Bett zu gehen. Denn ich war es natürlich gewohnt den Abend noch länger nutzen zu können. Zuvor nahm ich den Abend als Möglichkeit war, meine Freizeit zu genießen, zu Lesen oder noch eine Serie zu schauen.

In den ersten Tagen musste ich mich von dem was ich tat, bewusst losreißen, um mich bettfertig zu machen. Nur so kam ich „pünktlich" ins Bett. Dafür habe ich mich erfolgreich selbst ausgetrickst. Ich habe mir einen weiteren Wecker gestellt – dieses Mal jedoch, um ins Bett zu gehen. Ich ließ mich um 21:30 Uhr per Handywecker daran erinnern, dass ich mich nun langsam in Richtung Badezimmer bewegen sollte, um meine Zähne zu putzen.

Ich durfte hier relativ schnell eine neue Gewohnheit feststellen. Nicht nur aus dem Grund, weil ich nun durch die Verschiebung meines Schlafrhythmus früher müde wurde. Nein, sogar am Wochenende fühle ich nun den Drang, früher ins Bett zu gehen. Auch muss ich gar nicht mehr so viel Willensenergie aufbringen. Ich habe mir durch den Handywecker den Bettgehreiz gesetzt. Dadurch muss ich kaum noch entscheiden, ins Bett zu gehen. Ich gehe einfach.

Manchmal überrasche ich mich selbst dabei, wie ich bereits vor 21:30 Uhr, ganz automatisch in den „Zubettgeh-Modus" übergehe.

Willenskraft ist Entscheidungsenergie

Mit deinem Grundverhaltensmuster, also wie du mit inneren und äußeren Erwartungen umgehst, wurdest du geboren. Über diese sprachen wir bereits. Dieses Muster ist fest in dir verankert und du kannst es kaum mehr beeinflussen, egal wie sehr du dich bemühst. Doch an deiner Willenskraft, kannst du arbeiten und diese sogar stärken.

Willenskraft ist Entscheidungsenergie. Hier besteht die Grundannahme, dass wir Menschen ein gewisses Maß an Entscheidungsenergie haben. Ein tägliches Budget also.

Dieses Budget brauchen wir im Laufe des Tages nach und nach auf. Wie bereits im Kapitel „Unsere Gewohnheiten im Blick" beschrieben, funktioniert unser Alltag, indem wir zu 40 Prozent gewohnte Abfolgen durchführen. Alle anderen Dinge, die wir tun, verlangen, dass wir Entscheidungen treffen.

Da hilft es, sich entsprechend einige Entscheidungen abzunehmen und sie zu Gewohnheiten zu formen. Äußerst erfolgreiche Menschen schwören auf dieses Vorgehen. So berichtet die Online-Unternehmerin und Bestseller-Autorin Natascha Wegelin, Gründerin des Madame Moneypenny-Blogs, dass sie ihren Kleiderschrank enorm verschlankte. Die Kleidung reduzierte sie auf ähnliche Teile, die alle kombinierbar sind. Dies tat sie, um die Entscheidung einzusparen, was sie an diesem Tag tragen werde. Ganze vier Hosen und sieben Pullover hat sie nach eigener Aussage noch in ihrem Kleiderschrank.[vi] Ausgeklügelte Outfits und damit verbundene Entscheidungen fallen somit täglich weg und zehren nicht an ihrem kostbaren Entscheidungsbudget.

Natürlich ist dieses Beispiel nicht für jedermann beziehungsweise wohl eher „*jederfrau*" ein gangbarer Weg. Auch ich habe nach dem Ausmisten meines Kleiderschranks nach dem Konzept von Marie Kondo ganz viele Kleidungsstücke ausrangiert. Doch trotzdem habe ich noch ein paar mehr Teile im Schrank. Aber nur noch Lieblingsteile und alles passt wunderbar zueinander. Ich mache mir morgens tatsächlich weniger Gedanken beim Anziehen. Somit verbrauche ich meine kostbare Entscheidungsenergie nicht bereits vor dem ersten Kaffee.

Wir können in vielen Bereichen unseres Lebens, Routinen integrieren die gewisse Abläufe automatisieren. „Mit Gewohnheiten konservieren wir unsere Selbstkontrolle, (…)", bestätigt Gewohnheits-Expertin Gretchen Rubin, gibt aber zeitgleich zu bedenken, dass es Selbstkontrolle braucht, „um gute

Gewohnheiten zu etablieren. Aber sobald diese Gewohnheiten aufgebaut sind, können wir ohne Anstrengungen, die Dinge tun, die wir wollen.“[vii]

Deine Gewohnheiten koppelst du am besten an einen bestimmten Reiz oder Auslöser. Zusätzlich sind sie in einer Ritualkette, also in einer Folge von mehreren Gewohnheiten, noch wirkungsvoller. Daher sind Morgen- und auch Abendrituale so machtvoll und äußerst praktisch.

Morgen- und Abendrituale

Direkt nach dem Aufstehen ist es um deine Willenskraft noch gut bestellt.

Hier gelingen dir deine Vorhaben und vor allem auch deine Gewohnheiten am besten. Daher ist es sehr förderlich, dir ein Morgenritual beziehungsweise mehrere Morgenrituale aufzubauen.

In dein Morgenritual integrierst du Handlungen, die du in deinem Tag haben möchtest und dich persönlich weiterbringen. Hier ein paar Impulse meiner *happy morning rituals*:

Lesen: Da ich mehr Lesen möchte, lese ich morgens ein paar Seiten in einem anregenden Buch.

Planen: Ich plane meinen Tag indem ich mir am Abend zuvor meine To-Dos und Termine aufschreibe. Dies führe ich mir morgens noch einmal vor Augen. Zudem schreibe ich mir einige Dinge auf, für die ich dankbar bin. Dies tue ich in einem Tagebuch beziehungsweise *Bullet Journal.*

Bewegung: Sport am Morgen bereitet meinen Organismus optimal auf den Tag vor und macht mich vor allem richtig wach. Ich integrierte mir daher eine kurze und knackige Sporteinheit in mein Morgenritual.

Achtsamkeit: Auch Meditationen helfen dabei am Morgen bewusster in den Tag zu starten. Fünf Minuten stilles Sitzen reichen schon, um mit mehr Achtsamkeit in den Tag zu starten.

Umso häufiger du diese *happy morning rituals* direkt nach dem Wachwerden ausübst, desto stärker verbindest du sie mit diesem Auslöser. Der Auslöser ist das Aufwachen oder falls du direkt Aufstehen möchtest, auch das. Du wachst auf und begibst dich im Bett direkt in deine Meditationspose oder du meditierst auf einer Yogamatte, die du bereits ausgelegt hast. Danach schnappst du dir dein Tagebuch. Ganz automatisch folgen irgendwann diese Handlungen aufeinander. Somit entfällt die Überlegung und auch die Entscheidung, ob und wann du diese durchführst.

Integriere deine neue Gewohnheit am besten bereits dort, wo du schon feste Abläufe aufgebaut hast. Dieses Ereignis oder die schon bestehende Gewohnheit, wird dich daran erinnern.

happy ritual – Step 9

Als ich im Dezember 2018 begann, meine Challenges zu planen, waren darunter Routinen wie Sport, Meditation und Dankbarkeit. Einige jedoch erweiterten meine Komfortzone. Die Challenge „Dinge zum ersten Mal machen“ beinhaltete einen Hiphop Tanzkurs, einige schnelle Runden auf einer Kart-Rennbahn, aber auch eine Tantra-Massage. Diese war inklusive einer Yoni-Massage – die weiblichen Genitalien werden hier massiert und stimuliert. Ich dachte mir: Wenn schon, denn schon. Einen größeren Push in unbekannte Gewässer hätte ich mir nicht geben können. Ich probierte mich in viele Richtungen aus. Ich tat, was mir Spaß bringen könnte, was ich schon immer mal tun wollte oder Dinge, die ich mir zuvor nicht zugetraut habe. Meine Erkenntnis ist: Einmal damit angefangen, hört man nicht mehr auf.

Ich setze seitdem Dinge einfach um. Einen Schritt nach dem anderen, gehe ich Träume an: Ich schreibe ein Buch. Ich beginne eine Ausbildung zum Systemischen Coach. Ich lerne Speed Reading.

Das Leben wird so zum Abenteuer, in der gespannten Erwartung auf das „What's next?“. Weg von Trott und „immer-gleich“.

Was ist deine 30-Tage-Challenge?

Jetzt wollen wir uns also deiner ersten 30-Tage-Challenge widmen. Falls du noch keine Idee hast, was deine Challenge sein wird, dann will ich dir im Folgenden einige Ideen geben.

Ich darf mich Expertin für 30-Tage-Challenges und Glücksgewohnheiten nennen, denn seit Januar 2019 setzte ich mir jeden Monat eine neue Challenge und halte durch. Es entstand der „12 Gewohnheiten zum Glück"-Plan für das Jahr 2019 und der „12 Gewohnheiten für Wachstum"-Plan für 2020.

Eine erfolgreiche oder zumindest teilweise erfolgreiche Challenge durchzuführen ist gut für dein Selbstvertrauen. Du bekommst so wieder neue Anstöße in dein Leben. Ich habe jedoch noch eine weitere Veränderung entdeckt: Ich sah die monatliche Challenge als Möglichkeit an, nicht nur vorübergehend und für 30 Tage etwas anders zu machen, sondern ich nutzte sie als Sprungbrett in eine neue Glücksgewohnheit. Ich war überrascht von dem

Ergebnis. Nach einem Jahr, in dem ich jeden Monat ein neues *happy ritual* aufgebaut habe, hatte ich mich und mein Leben komplett verändert.

Um dies auch für dich zu erreichen, ist es wichtig, dass du Challenges wählst, die zu dir passen.

Wir machen gleich zusammen ein Brainstorming, was du für dich erreichen willst. Zuvor findest du hier in diesem Kapitel einige Beispiele an Vorhaben, die dir als Inspiration dienen können.

Um die Challenge für dich passend zu machen und eine Gewohnheit aufzubauen, machst du dich am besten frei von bereits bestehenden Vorstellungen, was eine solche 30-Tage-Challenge ist. Du musst nicht auf zu 100 Prozent auf Plastik verzichten, wenn du dies nicht möchtest. Aber falls doch, findest du in diesem Buch einen kleinen Leitfaden für genau eine solche Challenge. Du musst dich auch nicht den Sportprogrammen anschließen, in denen 30 Tage nichts anderes als der Po trainiert wird. Denn wo bleibt der Rest deines Körpers?

Wenn du fühlst, dass eine Sache dir einen Impuls geben könnte, dann versuche es. Egal was es ist. Du könntest jeden Tag Pferde zeichnen üben oder auch mit einer guten Tat, einen anderen Menschen glücklich machen. Wenn es dein sehnlichster Wunsch ist, jeden Tag etwas Neues zu erleben, dann mach es!

Stelle dir folgende Fragen:

Was sind die Erlebnisse und Gegebenheiten, bei denen du innerlich lächeln musst? Wie kannst du diese

Momente und dieses Lächeln häufiger in dein Leben holen?

Bei welchen Dingen denkst du insgeheim: „Wow, ich wünschte, das würde mir auch mal passieren.“?

Bei welchen Dingen sagst du jetzt: „Das würde ich mich nie trauen oder das kann ich mir nicht vorstellen.“ Wie kannst du dich dazu bringen, dass du dich irgendwann doch traust?

Stell dir vor, du begegnest deinem zehn Jahre älteren Ich. Welche erste Eigenschaft oder Fertigkeit an dir, fällt dir als erstes positiv auf? Wie kannst du diese erreichen? Was sagt dir dein reiferes Ich, welchen Tipp würde es dir geben?

Was waren als Kind deine liebsten Hobbies? Welches möchtest du wieder in dein Leben integrieren?

Zusätzlich zu deinen eigenen Überlegungen hier eine kleine Liste von Glücksgewohnheiten und Challenges, die dich und dein Leben bereichern könnten oder dich einfach mal aus deiner Komfortzone führen könnten:

Aufbau eines Morgenrituals, z.B. mit

- Meditation
- Journaling oder Tagebuch schreiben
- Sport
- Lesen
- Affirmationen
- Ziele aufschreiben

Aufbau eines Abendrituals, z.B. mit

Affirmationen

Journaling

Yoga oder Stretching

Lesen

Ziele manifestieren

Reise einen Monat lang ins Blaue. Das sind auch kleine Trips dahin, wo du noch nicht warst. Dazu gelten auch Ausflüge ins Nachbardorf, -viertel oder eine unbekannte Seitenstraße!

Erfolgstagebuch schreiben

Besinne dich auf Dankbarkeit!

Lebe einen Monat lang minimalistisch!

Iss jeden Tag einen Apfel!

Versuche einen Monat lang nur positiv über etwas oder jemanden zu reden (also „nicht lästern" ;-))!

Lache jeden Tag einmal herzlich!

Trinke jeden Tag mindestens 2 Liter Wasser!

Bleibe einen Monat lang nüchtern (anders ausgedrückt: Finger weg vom Alkohol)!

Raus in die Natur: Entdecke die Parks und Wälder um dich herum!

Kaufe diesen Monat nichts Neues (Abstufungen davon sind: Keine Klamotten, Bücher, Musik, Schuhe – eben alles, was unnötig Geld kostet und von dem du eigentlich schon genug hast)!

Traumtagebuch: Notiere dir jeden Tag, was du in der Nacht im Traum erlebt hast!

Für die Mädels unter uns: Geh natürlich, d.h. ungeschminkt aus dem Haus!

Übe flirten! Du flirtest jeden Tag mit irgendwem oder irgendetwas (sei es auch nur dein Hamster)!

Schlafe täglich 7-8 Stunden!

Mache täglich 15 Minuten Sport

Miste deinen Kleiderschrank aus!

Dusche täglich kalt!

und, und, und …

Es gibt fast so viele Ideen, wie es Tage im Jahr gibt.

Gib dir für ein Vorhaben 30 Tage Zeit, um diese für dich auszuprobieren und zu erfahren. So wird das, was du dir vornimmst, zur Gewohnheit oder zu deinem eigenen *happy ritual*. Diese haben die Kraft dir dein Leben zu verändern! Und das möchte ich dir im nächsten Kapitel, anhand meiner eigenen Erfahrungen, zeigen.

Das Leben verändern: Ein Jahr mit zwölf 30-Tage-Challenges

„Auch eine Reise von 1000 Meilen fängt mit dem ersten Schritt an."

Laotse

Was alles passieren kann, wenn du dir ein Jahr deines Lebens Zeit gibst, dich mit Gewohnheiten und Challenges weiter zu entwickeln, möchte ich dir anhand meines Lebens berichten. Dieser Blogbeitrag ist bereits Anfang Januar 2020 auf *www.happyrituals.de* erschienen. Damit ist das ganze Kapitel ebenfalls als der *happy ritual – Step 10* anzusehen.

Für dieses Buch habe ich den Artikel noch etwas angepasst. Auch wenn du ihn als Blogleser bereits kennst, lohnt es sich bestimmt, ihn noch einmal quer zu lesen. Die Verlinkungen in diesem Kapitel führen dich zu den Blogbeiträgen auf meiner Webseite. So kannst du noch weiter in das Thema eintauchen, wenn es dich genauer interessiert.

Also los geht. Dies ist meine Bilanz aus 12 Monaten *happy rituals* – Rituale, die glücklich machen.

Das Leben verändern in 12 Monaten

Ich fühle mich nun achtsamer, neugieriger, mutiger und glücklicher als noch vor 12 Monaten. Wie das? Einfach weil ich an meinem Plan drangeblieben bin und neue Möglichkeiten der Entwicklung in mein Leben gelassen und somit neue Wege beschritten habe.

Begann mein Jahr mit einem Plan von 12 Gewohnheiten, die ich Monat für Monat ausprobieren und aufbauen wollte, wurde der Blog happyrituals.de zu einem der wichtigsten Weggefährten auf meinem Weg. Denn der Blog und die namensgebenden *happy rituals* sind untrennbar miteinander verbunden.

Der Blog

Der Plan die *happy rituals* in mein Leben zu integrieren, brachte auch die Idee mit sich, dies mit einem Blog zu begleiten und aufzuzeichnen. Die Idee kam mir während einer Meditation am 29.12.2018. Nach einigen Stunden Brainstorming erhielt der Blog am Neujahrstag seinen Namen und am 10.01.2019 erschien der erste Beitrag. Ich war und bin so stolz.

Insbesondere in den ersten sechs Monaten schrieb ich sehr viel. Fast jeden Sonntag setzte ich mich hin und tüftelte an neuen Texten. Ich schrieb, was raus musste und wie mir der Schnabel gewachsen war.

Dann tauchte ich tiefer in das Thema Bloggen ein. Da wurde mir bewusst, dass es ganz schön viele Dinge gibt, die man dafür beherrschen sollte: SEO, Marketing Persona, Social Media Accounts, Schreibstil, rechtliche Absicherung, und, und, und. Die Liste wurde länger und länger. Gegen Mitte des Jahres war ich kurz davor aufzugeben. Doch ich entschied mich dafür, weiter zu machen. Stattdessen erlaubte ich mir, ab sofort langsamer zu gehen und mir die Zeit für diesen Lernprozess zu geben.

Diese Einsicht hat mir aber nicht nur in Bezug auf den Blog geholfen, sondern ist auch in allen anderen Lebensbereichen anzuwenden. Die Beschäftigung mit einem Blog und einer für mich bisher unbekannten Tätigkeit, hat für mich ganz viele andere Türen aufgemacht und meinen Blick um gefühlt weitere 180 Grad erweitert.

Denn durch den Blog habe ich wieder eine etwas verschüttete Leidenschaft entdeckt – **das Schreiben**. Ich wollte immer Schriftstellerin, Redakteurin, Autorin werden. Doch irgendwie hatte sich mein Leben von diesem Weg abgewandt und einen anderen Weg gefunden. Durch das regelmäßige Schreiben der Blogbeiträge kamen die Lust am Schreiben und damit auch meine Träume wieder hoch.

So viel wie im Jahr 2019 habe ich wahrscheinlich nur im Jahr meiner Magisterarbeit geschrieben. Ganze **26.581 Wörter** habe ich in Textform gegossen. Am Ende des Jahres habe ich mir diesen noch einmal vor Augen geführt: Wenn man alle Blogbeiträge hintereinander fügt, ergibt dies 88 DIN-A4-Seiten. **88 verdammte Seiten**!

Das ist der Umfang eines Buches von 180 Seiten in einem DIN-A5-Format. Mit diesem Gedanken im Hinterkopf rückte mein **großer Lebenstraum, ein Buch zu schreiben**, immer mehr in den Fokus.

Jetzt traute ich es mir sogar endlich zu.

Und so kam es dann auch, dass ich es anging. Und binnen sechs Wochen unwesentlich weniger Wörter nutzte, um mein Buch wirklich zu schreiben. Ich ging nun meinen Lebenstraum an und es fühlte sich einfach nur **„fucking awesome“** an.

Der „12 Gewohnheiten zum Glück“-Plan

12 Monate, 12 Challenges. 12 Möglichkeiten zu wachsen. 12 potentielle Wow-Momente, wenn ich wieder eine weiteres *happy ritual* ausprobiert und für mich als gut befunden hatte. Neben all dem, was mein Leben derzeit ausmachte (40-Stunden-Woche im Job, Freunde, Hobbies), habe ich mir neue Gewohnheiten aufbaut. Und mir mit Freude, Leidenschaft und Fokus neue Wege selbst erschaffen, wie ich glücklich werden kann.

Ich gebe zu, ich habe nicht alle zwölf Challenges zu 100 Prozent durchgezogen. Die Challenge „nicht zu snacken/naschen", habe ich sogar komplett sausen lassen. Ich werde noch darauf eingehen, warum mir diese Challenge Probleme bereitete. Stattdessen habe ich mich mit dem Thema Perfektionismus und dem Wunsch, immer alles perfekt machen zu wollen, beschäftigt. Denn „Rückschläge" sind für Perfektionisten, wie mich, einfach etwas Persönliches. Man ist sich ja bei solchen „Versagenserscheinungen" meist selbst der schlimmste Kritiker. Daher nahm ich dies zum Anlass daraus zu lernen und befasste mich genauer mit dem Pareto-Prinzip.

Ich habe 80 Prozent meiner Vorhaben mit Bravour gemeistert. Jeder einzelne Monat hat einen kleinen Teil dazu beigetragen, dass ich mein Leben verändert habe.

Los ging es damit, dass ich mir eine Morgenroutine bestehend aus Meditation und Sport aufbaute. Im Laufe des Jahres integrierte ich noch das handschriftliche *Journaling* mit Erfolgsjournal, Ziele- und Dankbarkeitstagebuch. Drei Bücher auf dem Nachttisch wären nun zur Normalität geworden. Im September hatte ich davon jedoch genug: Auf meiner nächsten Reise wurde mir bewusst, dass dies zu viel war. Ich kutschierte mittlerweile drei Notizbücher im Koffer durch die Republik. Daher entschied ich mich, noch eine weitere Methode zu lernen, um mir diesbezüglich das Leben zu erleichtern: Ich entdeckte das *Bullet Journal*, dass nun all meine Routinen in einem Buch vereinen kann und mich wieder etwas leichter reisen lässt.

Zudem habe ich dieses Jahr mein Leben mit neuen Erfahrungen bereichert, dem Loslassen Raum gegeben und mit neu entdeckter Spontanität vieles intensiver erlebt, als es mir all die Jahre zuvor möglich war.

Diese Veränderung sieht und spürt man auch, wenn man mein Zuhause betritt, in das ich mit der Methode der Aufräumexpertin Marie Kondo Struktur und Ordnung reinbrachte. Auch mein Umfeld hat sich geändert, denn ich habe tolle neue Menschen kennengelernt und kostbare Freundschaften geschlossen. Dazu gehört leider auch, dass ich einige Menschen habe gehen sehen.

Persönlichkeitsentwicklung

Beim Thema „Umfeld“ sind wir bei der Persönlichkeitsentwicklung angekommen. Hier habe ich in 2019 viel investiert: Gedanken, Tränen, Zeit und Geld. Besonderes letzteres, denn ich habe einen fünfstelligen Eurobetrag in Seminare über Persönlichkeitsentwicklung und finanzielle Bildung investiert.

Wo Licht ist, ist auch Schatten

Die intensive Beschäftigung mit mir und meinen Glaubenssätzen in allen möglichen Richtungen, half mir dabei viele Themen zu lösen und loszulassen. Es ist jedoch kein Zuckerschlecken, sich selbst und seinen Themen auf den Grund zu gehen. Ich habe im vergangenen Jahr viele Tränen vergossen, doch jede Träne spülte auch vergangenen Schmerz weg und machte mich leichter. Ich würde mich als einen positiv denkenden Menschen bezeichnen. Manchmal aber tendierte ich deswegen dazu, die negativen Aspekte reflexartig ausblenden. Wir wachsen jedoch, wenn wir lernen, beides zulassen zu können. Nur durch positives Denken konnte ich mein Leben nicht ändern. Wir Menschen wachsen, wenn wir uns auch mit unseren Schattenthemen versöhnen.

Lass es mich bildlich ausdrücken: Derjenige der Angst im Dunkeln hat, wird die Nacht immer meiden und damit die eine Hälfte seines Lebens fürchten. Nur derjenige der diese Angst überwindet, dem gelingt es auch, sich mit allen Seiten seines Lebens auszusöhnen und wird ein Leben in Harmonie führen.

Hinsehen hilft

Ich entdeckte in mir Glaubenssätze und Verletzungen, die sich in mir verhärtet hatten, da ich mich nie traute, ihnen Aufmerksamkeit zu geben. Ich lernte bewusst hinzusehen und den anfänglichen Schmerz zu ertragen. Doch dadurch konnte es in mir heilen. Indem ich beide Seite in mir akzeptierte, wurde es leichter.

Die Themen, die im Unbewussten schlummern sind die Dinge, die am meisten unser Leben beeinflussen – leider negativ wie positiv.

Daher lohnt sich neben all den positiven Gedanken und Gewohnheiten auch der Blick auf unbewusste Programmierungen. Denn diese bewirken, dass ich in Situationen reagiere, wie ich es nun einmal tue. Weil ich es so gelernt habe.

Bin ich jedoch unzufrieden mit mir und den Ergebnissen meines Handelns, hilft es nicht, mich zu schelten und mir zu wünschen, dass es das nächste Mal besser klappt. Ich habe beschlossen aus unbewussten Teufelskreisläufen am besten komplett auszusteigen.

Ein weites Wegstück liegt hinter mir

Ich konnte vieles überwinden, was mich früher zurückhielt und mich daran hinderte voranzukommen.

Meine wichtigste Heilung war auch der größte Schmerzfaktor bisher: Nach über dreißig konfliktreichen Jahren und weiteren sechs Jahren Funkstille, habe ich wieder eine Beziehung zu meinem Vater aufgebaut.

Ich akzeptiere nun, dass ich ein verletztes Kind war, das sich verlassen fühlte. Das Entscheidende war für mich zu lernen, dass meine Gefühle okay sind und waren. Denn jetzt bin ich eine erwachsene Frau und kann die Entscheidung treffen, mich nicht mehr so stark von der Vergangenheit beeinflussen zu lassen.

Gleichzeitig sehe ich in meinem Vater nun den Menschen, dessen Gefühle auch verletzt wurden. So begegnen wir uns endlich auf Augenhöhe und es besteht die Chance, dass wir uns zum ersten Mal richtig kennenlernen. Ohne Groll und Schmerzen.

Auch auf der anderen Seite meiner Familie zeigt sich nun eine andere Dynamik: Nicht, weil ich darauf hoffte, dass sich die anderen ändern. Ich änderte mich und somit auch meine Familie. Hier wird deutlich: Wenn du dich änderst, veränderst du auch die Welt.

Diese Veränderung wird so auch entsprechend von außen wahrgenommen: So sagten mir meine Mutter und meine Schwester zu Weihnachten wie sehr ich mich entwickelt hätte. Ich hätte es geschafft, achtsamer und zufriedener zu werden. Was für ein tolles Kompliment!

Was ich über Geld gelernt habe

Geld – Was war das für mich bis September 2018 für ein verhasstes Thema! Ich wollte mich mit Geld nicht beschäftigen. Geld war etwas, dass monatlich hereinkam und sehr schnell wieder weg war. Meistens noch schneller als der Monat selbst.

Mit Rücklagen war ich eher schlecht aufgestellt und um meine Rente habe ich mich aus Prinzip nicht gekümmert, das war ja schließlich noch lange hin.

Jetzt weiß ich: Ich hatte 37 Jahre keine, wohl eher aber schlechte Glaubensätze über Geld und keinen Bezug zu meinen Einnahmen oder Ausgaben.

Das hat sich nun grundlegend verändert. Ich liebe mein Geld und ich empfinde es als sehr erfüllend, mich damit zu beschäftigen und auch mit anderen Menschen darüber zu sprechen. Generell bin ich der Ansicht, dass die Menschen, insbesondere die Deutschen, mehr über Geld sprechen sollten! Es fällt derweilen aber immer noch unter die Tabu-Themen.

Doch um zu dieser Einstellung zu kommen, musste ich bewusst die Entscheidung treffen, mich um mein Geld zu kümmern. So fing ich bereits im Herbst 2018 an, mich endlich mit dem Thema Geld, Sparen und Anlegen auseinanderzusetzen. Als Grundlage habe ich begonnen meine Ausgaben mit einer Haushaltsbuch-App zu beobachten, um diese dann nach und nach zu reduzieren.

Für das Jahr 2019 hatte ich mir dann vorgenommen meine Sparrate zu erhöhen, zunächst auf 25 Prozent meiner Einnahmen. Dann wurden daraus immer mehr, einige Monate habe ich sogar die Hälfte meines Einkommens weggelegt. Nun hat es sich bei 40 Prozent eingependelt.

Um unnötige Ausgaben zu reduzieren, habe ich mir daher im ersten Halbjahr 2019 vorgenommen, kein Geld für Klamotten auszugeben. Das habe ich mit Bravour geschafft – tatsächlich habe ich diese Challenge ganze zwölf Monate durchgehalten!

Das Thema Geld und Finanzwissen hat mich so begeistert, dass ich mich eingehender mit dem Thema in „*happy money rituals* – Mein Weg zu mehr Glück, Selbstbewusstsein und Rücklagen durch Geld-Glücksgewohnheiten“ beschäftige. Dieses Kapitel findest du in dem Amazon eBook „Von Herzen: 15 Autorinnen inspirieren zu mehr Mut, Freude und Weisheit“ von Anna Nguyen.

Investitionen in mich selbst

Ich habe diese Transformation meiner Finanzen aber nicht nur für meine Rente getan. Sondern auch um die Freiheit zu haben, mir große Investitionen zu erfüllen. Ich investierte 2019 – wie bereits erwähnt – mehrere tausend Euro in meine persönliche Weiterentwicklung. Zusammen gerechnet habe ich in diesem Jahr einen fünfstelligen Betrag in Seminare und Weiterbildung gesteckt. Dies war für mich auch ein weiterer Grund, um Wege finden, Geld zu sparen und einfach auch bewusster mit Geld umzugehen.

Eine weitere große Entwicklung war für mich, dass morgens mein erster Griff nicht mehr der, nach meiner Brille war. Denn im Frühjahr habe ich meine starke Kurzsichtigkeit durch eine Augenlaser-OP behandeln lassen. Eine Sehkraft von nun 100 Prozent war diese Investition allemal wert. Das ist Lebensqualität pur! Zudem war so, ab sofort die Gefahr gebannt, sich in der Sauna „aus-ver-sehen“, weil blind, auf einen anderen Menschen zu setzen. So kurzsichtig war ich einmal. Nun ja, auch beim Sex eröffnen sich jetzt ganz andere Wahrnehmungswelten…

Rückschau als Bestärkung meiner Ziele

An dem Ergebnis meiner OP merke ich auch, wie schnell man sich an Gutes und erreichte Ziele gewöhnt. Das ich nun ohne Einschränkungen sehen kann, ist mittlerweile zur neuen Normalität geworden und ich denke nur noch sehr selten daran, dass das mal anders war.

Daher ist es wichtig sich die Errungenschaften und die Erfolge immer wieder vor Augen zu führen. So bleibt man dankbar und weiß diese Geschenke mehr zu schätzen.

Schritt für Schritt das Leben ändern

Wie habe ich erreicht, mein Leben zu ändern? Indem ich aus meinen Plänen Ziele gemacht habe, die ich Stück für Stück und Tag für Tag umgesetzt habe. Währenddessen habe ich die Neugier und Abenteuerlust in mir (wieder) entdeckt. So mache ich aus meinen Träumen – langsam, aber sicher – Wirklichkeit. Das Vertrauen in mich und dass ich es schaffen kann, kommt ganz automatisch dazu. Denn ich habe realisiert, dass ich das schaffe was ich mir vornehme, wenn ich es wirklich will.

Vorausgesetzt ich gebe mir die Zeit, die es braucht und ich versuche nicht alle Veränderungen in die ersten drei Wochen des Jahres zu quetschen. Aber ein Jahr mit portionierten Veränderungen kann Großes bringen.

Ich bin ein anderer Mensch und doch bin ich endlich viel mehr ICH.

Das Leben verändern ist ein Marathon und kein Sprint. Ich habe es geschafft, indem ich losgelaufen bin und kontinuierlich weiterlaufe.

happy ritual – step 11

Die Challenges haben mit der Zeit eine eigene Dynamik entwickelt. So hatte ich immer mehr das Gefühl, dass sie ineinandergreifen, dass sie alle aufeinander aufbauen, dass die eine, die andere möglicherweise vorbereitet oder ergänzt. Das überraschte mich, denn in der Planung dachte ich keineswegs an solche Zusammenhänge.

So habe ich mir durch viele Challenges, für die ich mir am Morgen vor der Arbeit die Zeit genommen habe, unbewusst ein Morgenritual erschaffen. Einfach indem ich eine Gewohnheit nach der anderen aufbaute. Ohne Stress und ohne im Hinterkopf zu haben, eine Morgenroutine zu benötigen. Die stellte sich von ganz alleine ein, weil ich dranblieb. Was nicht funktioniert hat, habe ich anders gemacht oder weggelassen. Ich habe morgens nun meditiert, eine 15-minütige Sporteinheit durchgezogen, den Tag geplant und Ziele manifestiert, indem ich Tagebuch schrieb.

Alles hatte seinen Sinn, auch wenn ich diesen teilweise erst im Nachgang fand. In meinem Monat der „Ersten Male" bin ich auch einen Tag ungeschminkt ins Büro gegangen. Obwohl ich mich nicht übermäßig schminke, betone ich gerne mit Kajalstift und Mascara meine Augen. Ohne Augen-Make-up aus dem Haus zu gehen, stellte mich zu diesem Zeitpunkt vor die Herausforderung, einen großen Schritt aus meiner Komfortzone heraus zu gehen. Doch am Ende des Tages merkte ich: Eigentlich halb so schlimm.

Dann kam die Weisung meines Augenarztes für die Zeit nach meiner Lasik-Augen-OP: Einen Monat die Augen nicht schminken! Diese mussten nach der OP unbedingt geschont werden. Es durften keine Chemikalien ans oder ins Auge gelangen und Reibebewegungen würden die Heilung ebenfalls beeinträchtigen. All das wäre aber notwendig, wenn ich am Abend mit einem Wattepad die Schminkreste entfernen würde. Ergo: Schminken und Abschminken war keine gute Idee. So hatte mein „erstes Mal ohne" mich darauf indirekt vorbereitet. Die Komfortzone war schon erweitert und so lies mich die Anweisung relativ kalt.

Was am Anfang noch ungewohnt und wesensfremd wirkte, wurde zu einer neuen Normalität. Interessanterweise genoss ich den Juni, indem ich mich nicht schminken durfte sogar. Ich brauchte morgens weniger Zeit im Bad, ich ging entspannter mit der Situation um und bekam sogar einige Komplimente für mein natürliches Auftreten. So wurde aus einer Einschränkung eine Erweiterung. Das Leben ist da, um erfahren zu werden!

Selbstwirksamkeit: Die Sonne in dir

Wie du im letzten Kapitel erfahren hast, habe ich durch das Durchhalten meiner Challenges einen unglaublichen Schub in viele Richtungen bekommen. Ich entdeckte viele neue Interessen, Stärken und Wünsche. Ich wurde glücklicher, selbstbewusster und achtsamer. Ich habe eine eigene Energiequelle, meine Sonne, in mir selbst gefunden.

Wenn du eine 30-Tage-Challenge komplett durchziehst, dann fühlt sich das äußerst machtvoll an. Du hast dich überwunden, bist drangeblieben und zwar Tag für Tag. Im besten Falle hast du erreicht, was du wolltest. Wenn aber nicht, auch nicht schlimm. Es kam auf den ehrlichen Versuch an. Darauf gehe ich im Kapitel „Was tun, wenn es mal nicht klappt" noch einmal genauer ein.

Du erlangst eine Zuversicht und ein unbändiges Selbstvertrauen in dich und das was du leisten kannst. In der kognitiven Psychologie nennt man dies Selbstwirksamkeit. Dieses Konzept wurde in den

1970ern von dem kanadischen Psychologen Albert Bandura entwickelt. Selbstwirksamkeit ist das tiefe Vertrauen in sich selbst und darin auch mit schwierigen Situationen und Herausforderungen umgehen zu können. Du vertraust dir, dass du das erreichst, was du dir vornimmst. Dieses Vertrauen entsteht, wenn du mehrfach erfahren hast, dass dir etwas gelingt. Weil du alles schaffst, wenn du es zulässt und auch alles dafür tust.

Ich zum Beispiel, habe seit ich denken kann einen Lebenstraum. Ich wollte schon immer ein Buch schreiben. Doch bisher habe ich es nur geträumt und gehofft, dass es irgendwann, irgendwie passiert. Ich habe weiter geträumt, ohne das erste Wort zu verfassen. Da ich nicht wusste, wie ich es anstelle und insgeheim mir wohl auch nicht zutraute, bin ich es nie wirklich angegangen.

In dem Jahr meiner Challenges und meiner *happy rituals* wurde ich so oft in meiner Selbstwirksamkeit bestätigt, dass ich nun einfach wusste, dass ich es schaffen kann. Das war für mich der Moment des Vertrauens in mich. Damit Träume Realität werden, darf ich sie angehen. Und umso mehr Träume wahr werden, desto mehr Vertrauen bekomme ich in mich.

Hier verstand ich, dass Selbstwirksamkeit funktioniert und ein Ergebnis eines Prozesses ist. Im vorherigen Kapitel habe ich das Ende dieses Entwicklungsprozesses festgehalten. Als ich den Blogbeitrag Anfang 2020 schrieb, wurde mir währenddessen bewusst, dass ich ein Buch schreiben KANN. Als ich die schiere Anzahl der gefüllten 88

Word-Seiten sah, die ich im Laufe des Jahres durch Blogbeiträge gefüllt habe, wusste ich: „Jetzt traue ich es mir auch endlich zu!" Mein Traum ist machbar!

Ich darf nur den ersten Schritt machen, eine Entscheidung treffen, mich committen, wie es so schön neudeutsch heißt, und den Weg Schritt für Schritt gehen.

Daher schreibe ich jetzt in diesem Moment mein 12.827 Wort von 24.654 Wörtern für dieses Buch. Statt einem Jahr hatte ich dafür eineinhalb Monate Zeit. Zwei Monate liegen, wenn ich es veröffentliche, zwischen dem Start und dem fertigen Buch. Ein Traum geht in Erfüllung!

Natürlich schreibt sich so ein Buch im seltenen Fall alleine. Vor allem nicht, da ich einer normalen 40-Stunden Bürowoche nachgehe. Ich mache es möglich, indem ich jeden Morgen um 05:00 Uhr aufstehe, um vor meiner regulären Arbeit eineinhalb bis zwei Stunden zu schreiben. Die zwei Stunden direkt nach dem Aufstehen sind tatsächlich für mich die produktivste und kreativste Zeit des Tages. Am Abend, wenn ich mich noch einmal ran setze, überarbeite ich das bisher verfasste und recherchiere noch einige Dinge.

Doch warum habe ich nicht schon früher so gehandelt und mein Lebenstraum verwirklicht? Ich glaube es ist so: Ein Traum alleine reicht oft nicht. Es braucht auch das Vertrauen in sich selbst, es angehen zu können. Du darfst selbst zum Funken werden, an dem sich die Flamme entfacht.

Als ich anfing das Buch zu planen, entdeckte ich in mir, trotz meiner bereits entwickelten Selbstwirksamkeit, noch immer Vorbehalte. Ich hatte trotz allem noch Angst davor, mir diesen Traum zu erfüllen und ins Machen zu kommen. Als ich näher hinhörte, meinte ich folgende destruktive Worte aus meinem Unterbewussten wahrzunehmen: „Wenn du deinen Traum angehst, könntest du scheitern. Daher fange gar nicht erst an. So bewahrst du dir deinen Traum und musst dir nicht eingestehen, dass du es nicht geschafft hast. Du willst doch nicht mit deinem Lebenstraum scheitern, oder?"

Puh, das war harter Tobak. Ein solcher Gedanke ist natürlich nicht gerade großer Antrieb für die Umsetzungsphase. Zum Glück ist mir dies bewusst geworden. Wie so oft sind solche Gedanken ein Selbstschutz vor Enttäuschung. Doch wo kein Versuchen ist, ist am Ende des Lebens nur Enttäuschung, dass man es nicht angegangen ist. Wenn man aber seinem Traum folgt, hat das Gelingen immerhin einen Spielraum von mindestens 50 Prozent und das dürfte es doch wohl wert sein.

Der Anfang ist das Schwerste. Doch natürlich fühlt es sich manchmal so an, als würde man jeden Tag von Neuem anfangen. Es gibt Tage, da bist du zufrieden mit dem Ergebnis. Andere machen eher unzufrieden. Anhand einer einzigen Seite stellst du dann die Qualität des ganzen Buches in Frage. Aber auch das ist, wie ich gemerkt habe, ganz normal.

Das Wichtige ist, dass du dich für etwas entscheidest und dies dann durchziehst. Hier heißt es einfach Augen zu und durch. Am nächsten Tag darfst oder kannst du von Neuem beginnen. Tue jeden Tag etwas dafür, dass es auch gelingt! Wenn du dranbleibst, wird es sich zu einer runden Sache fügen. Es ergibt sich schon. Nur Aufgeben ist keine Option, denn dann gibst du insgeheim deinen destruktiven Glaubenssätzen recht.

Übrigens kannst du nie sicher sein, ob du das Richtige tust. Beginne mit dem, was sich für dich zu diesem Zeitpunkt richtig anfühlt. Neue Impulse, Alternativen eröffnen sich auf dem Weg. Du kannst dich aber in jedem Moment dafür entscheiden, dass das was du tust, das Richtige ist.

Eines habe ich dir hoffentlich in den letzten Kapiteln eindrücklich vermittelt: 30-Tage-Challenges tragen implizit das Versprechen in sich, dein Leben auch langfristig ändern zu können. Denn die Dinge, die du 30 Tage durchziehst, haben das Potenzial zu einer neuen Gewohnheit zu werden, deine Komfortzone zu erweitern und dir neue Einsichten darin zu geben, was du alles schaffen kannst.

Ich möchte dir mit diesem Buch dabei helfen, dir auch diesen Schatz zu heben. Die folgenden Kapitel können dir eine Anleitung dafür bieten. Ob dies für dich eine, vier oder auch zwölf aufeinanderfolgende Herausforderungen sind, das entscheidest du allein.

Vielleicht lohnt es sich jedoch zu bedenken, dass die *„meisten Menschen überschätzen, was sie kurzfristig leisten können und unterschätzen, was sie langfristig leisten können.“ (Zitat von unbekannt).*

happy ritual – Step 12

Wir Menschen sind in der Lage uns zu entwickeln. Ich fragte mich zum Beispiel am Anfang noch, wofür ich in diesem Leben angetreten bin. Wozu bin ich hier? Ich fühlte, ich hatte meinen Weg verloren. Doch trotzdem lief ich los. Ich wusste am Anfang nicht, wohin ich gehe. Doch langsam entwickelte sich im Laufe des Jahres eine Idee, was ich möchte. Diese Idee von mir selbst, wurde mit jedem weiteren Entwicklungsschritt für mich klarer. Letztendlich ließ ich zu, dass meine Vision immer klarer, aber auch größer wurde.

Einer meiner Affirmations- und Zielsätze war zum Beispiel lange „Ich bin erfolgreiche Bloggerin und happy rituals-Coach". Nach einem halben Jahr formulierte ich ihn um, und machte daraus „Ich bin erfolgreiche Autorin und happy rituals-Coach".

Ich habe mich geöffnet für die Möglichkeiten, die das Leben für mich noch bereithalten kann.

Was ist dein Zielbild von dir?

In diesem Kapitel wollen wir uns mit der Frage beschäftigen, was du erreichen und vor allem, was du für eine Person sein und werden willst. Denn alle großen Ziele lassen sich in kleine Zwischenziele aufteilen und können in kleinen Meilensteinen erreicht werden. Wenn du dir das bewusst machst, dann ist es gar nicht mehr so schwer, Challenges zu finden, die auf ein großes Ziel hinsteuern.

Ich möchte dir dafür eine Übung vorstellen, die dir dabei helfen kann, dir über deine Ziele klar zu werden und mit der du ermittelst, ob du dies auch wirklich für dich und nicht insgeheim für andere erreichen willst. Denn Ziele kosten dich etwas, ob nun Zeit, Geld, Energie oder auch Unverständnis aus deinem Umfeld. Und da ist es besser, an den richtigen und für DICH wichtigen Vorhaben zu arbeiten.

Diese Übung wurde von dem Psychologen und Verhaltenstherapeut Jens Corssen entwickelt. Nachhören kannst du sie auf der bei Campfire Audio erschienen CD mit dem Namen „Als Selbst-Entwickler zu privatem und beruflichem Erfolg".[viii]

Die Übung wurde von Corssen entwickelt, um deine Ziele zu überprüfen, ob sie wirklich deine eigenen sind oder eher fremdbestimmt. Denn häufig gibt uns die Gesellschaft, die Familie oder auch der Partner etwas vor, von dem wir denken, dass wir diesem entsprechen müssten. Oft ist uns dies gar nicht so bewusst. Daher solltest du sie überprüfen, bevor du Energie und Lebenszeit in die Umsetzung investierst. Es wäre schade, wenn du erst am Ende entdeckst, dass das verfolgte Ziel gar nicht dein Wunsch ist, sondern der eines anderen.

Ich sehe in dieser Übung auch eine gute Möglichkeit herauszufinden, was du für diesen Traum geben darfst. Denn oft malen wir uns diesen in den rosarotesten Farben aus und sind dann ganz erstaunt, was wir dafür tun dürfen. Was er uns kostet. Auch ermittelst du so, welche Fähigkeiten und Voraussetzungen du hast und brauchst, um den Traum Wirklichkeit zu machen. Zu guter Letzt stellst du dir vor, wie du dich fühlst, wenn du das Ziel erreicht hast. Ist diese Person, die du dann bist, noch immer die, die du eigentlich sein willst?

Mit diesem Zielbild zapfst du möglicherweise noch weitere Energiereserven an, um die Schritte zu gehen.

Übung: Die 5 Fragen zum Ziel (nach Jens Corssen)[ix]

Lege dir wieder einen Stift bereit.

Gehe in dich und besinne dich auf deinen Traum oder dein Ziel. Was willst du erreichen, was ist dein Lebenstraum, wie und wo willst du leben? All das kannst du mit dieser Übung abklopfen. Also los geht's! Ich bin gespannt darauf, was du für dich entdeckst.

Die Fragen habe ich bewusst in der Ich-Form verfasst, um keine Distanz zwischen Fragendem und Antwortenden aufkommen zu lassen. Antworte spontan und aus dem Bauch heraus!

Frage 1: Wenn ich an mein Ziel denke: Will ich es wirklich, wirklich, wirklich erreichen?

Ja! 100% committed!!!

Die Wiederholung des Wortes wirklich, funktioniert ähnlich, wie in der Warum-Übung zuvor. Mit dem ersten „wirklich“, testest du, ob es wirklich dein eigenes Ziel ist oder eher ein Ziel von anderen (deines Partners, deiner Eltern, usw.)? „Ja, es ist mein Ziel.“ Wenn du das geklärt hast, fragst du dich noch einmal: Will ICH es wirklich? „Ja, das ist ein Ziel, das ich unbedingt erreichen will!“ Wenn du genau das, nach dem dritten „wirklich“, immer noch aus vollen Herzen sagst, dann ist es genau das: Dann ist es genau das, was du willst und es wird sich für dich lohnen.

Wenn nicht, dann kannst dieses Ziel guten Gewissens aussortieren. Es gibt nichts Unbefriedigenderes, als Zeit und Energie zu investieren, um dann irgendwann zu erkennen, dass du dieses Ziel eigentlich nie wirklich erreichen wolltest.

Frage 2: Was brauche ich, um mein Ziel zu erreichen?

- Impuls wohin
- konkretes Setting
- begleitung von Jan + Toni + Therapeut

Was darf ich lernen, um diese Vision für mich wahr werden zu lassen? Welche Schritte gehe ich, um mich darauf vorzubereiten? Welches *Mindset* wird wichtig sein, um dran zu bleiben? Welche meiner Stärken darf ich ausbauen, die mir auf diesem Weg helfen?

Welche Kurse, Weiterbildungen und Challenges gibt es, mit denen ich mir diese Kenntnisse erarbeiten kann?

Frage 3: Wie bekomme ich die notwendigen Skills?

Überlege ob du schon alles in dir hast – und dies ist in den meisten Fällen so –, oder ob du noch etwas brauchst, dass du noch lernen darfst. Wenn du immer noch von deinem Vorhaben überzeugt bist, stelle dir die 4. Frage.

Frage 4: Was sind meine Opfer? Was kostet mich das? Was bedeutet es für mich, dieses Ziel zu verfolgen? Muss ich auf etwas verzichten, auf das ich nicht verzichten kann? Wird es mir zu teuer?

Wie wirkt sich die Umsetzung meines Ziels auf meinen Alltag aus? Was darf ich verändern, um es möglich zu machen?

Ich komme zur Verdeutlichung noch einmal auf mein Buchprojekt zurück: Ich stehe um 5:00 Uhr morgens auf, um die Zeit und die Frische zum Schreiben zu haben. Anders wäre es mir gar nicht möglich. Zusätzlich gehe ich dafür um 21:30 Uhr, spätestens um 22:00 Uhr ins Bett, um die 7 Stunden Schlaf zu bekommen, die ich brauche. Ich habe dadurch vorübergehend kaum Freizeit, denn fast jede freie

Minute investiere ich in Grundbedürfnisse (Essen, Schlafen, Bewegung) oder in mein Buch. Aber dieses Opfer bringe ich gerne.

Frage 5: Was ist eigentlich, wenn ich es erreicht habe? Wie fühle ich mich?

Wie fühlst du dich mit deinem erreichten Ziel? Gefällt dir das Leben so oder ist es dir, durch den möglichen Stress, der sich daraus vielleicht entwickeln kann, doch nicht so recht? Dich erfüllt deine Vision von deinem erreichten Ziel mit viel Motivation? Dann gibt es keinen Zweifel mehr, dass du dieses Ziel für dich verfolgen solltest.

Jetzt wirst du dich sicherlich fragen: Was mache ich, wenn ich noch keine genaue Zielvorstellung habe? Wenn ich noch nicht genau weiß, was ich will.

Nicht jeder ist in dem optimalen Zustand zu wissen, was er wirklich will. Das ist aber gar nicht schlimm. So ging es mir zu Beginn meines Challenge-Jahres auch. Ich war unzufrieden, konnte den Grund nicht genau benennen, wusste aber auch nicht recht, was ich stattdessen wollte. Das Ziel kam, während ich den Weg gegangen bin!

Daher ist der beste Tipp: Geh einfach los, mach den ersten Schritt. Es kann sein, dass du bei Schritt 105, also mitten auf dem Weg, über die Antwort, wie über einen Stein stolperst. Aber du musstest die 104 Schritte bis dahin gegangen sein.

Hier hilft es klein anzufangen. Du startest mit einer Sache, die du dir gut vorstellen kannst.

Auch Corssen betont, dass es gar nicht so sehr um das Erreichen eines Ziels oder deiner Vision geht, sondern eher darum loszugehen. Das du die ersten Schritte gehst und in den Prozess der Umsetzung kommst. Im Leben geht es darum, Erfahrungen zu machen und anhand derer stetig besser zu wissen, in welche Richtung dein Leben gehen soll. Nur wenn du losgehst und einfach machst, dann kommst du auch zu Ergebnissen.[x]

happy rituals – Step 13

Wir befinden uns durch unseren Alltag und unsere Gewohnheiten in der Regel in der Komfortzone. In dieser fühlt es sich vertraut und behaglich an. Alles außerhalb dessen, ist zunächst einmal nicht gewünscht und wird mit Abwehr bedacht. Jeder kleine Schritt aus dieser Zone heraus, ist unbequem und vielleicht auch mit Gefahren verbunden. Jetzt aber befindest du dich in der Wachstumszone. Hier kannst du neue Abenteuer erleben und Neues über dich und die Welt entdecken.

Ich befinde mich seit bereits einem Jahr in der Wachstumszone. Dabei komme ich immer wieder mal zurück in die Komfortzone. Dort kann ich mich erholen und das Erlebte auf mich wirken lassen. Dabei merke ich, wie sich die Komfortzone stetig ausdehnt und mir immer mehr Raum bietet. Warum? Weil ich durch die regelmäßigen Ausflüge in die Wachstumszone, den Teil, den ich bereits betreten habe, nach und nach zur Wohlfühlzone ausbaue.

Ich bin eine Wachstumsamazone!

Deine *happy rituals* 30-Tage-Challenges

„Im Aufbruch, nicht am Ziele liegt das Glück."

Paul Watzlawick

Das Besondere an dem Konzept der *happy rituals* ist, dass du die Challenges nicht aus reinem Selbstzweck machst. 30 Tage in eine für dich gewünschte Glücksgewohnheit zu stecken, wird dich beflügeln. Denn so kommst du deiner Zielvorstellung von einem glücklichen Leben oder dir als eine zufriedene Person näher.

Du musst nicht auf Teufel komm raus „Plastikfrei leben" nur weil dies eine Challenge vorgibt. Du vermeidest Plastik, weil du merkst, dass du ein nachhaltigeres Leben führen möchtest. Die Challenge ist für dich dann das Mittel, um dies auszuprobieren –

sowie um dich und deine Entscheidungen in diesen 30 Tagen darauf vorzubereiten.

So gehst du es an

Jede deiner *happy rituals* richtest du am besten nach diesen 5 Kriterien aus.

Gehe jede Gewohnheit einzeln an

Um dir und deiner Entwicklung Zeit und Raum zu geben, versuche nicht alles gleichzeitig zu machen. Nimm dir eine Glücksgewohnheit nach der anderen vor. Bleibe mindestens 30 Tag dran, so dass sich die Gewohnheit festigen und automatisieren kann. So überziehst du nicht dein Selbstkontroll-Budget und verzettelst dich nicht. Lass dir ausreichend Zeit jeweils eine neue Gewohnheit in dein Leben zu integrieren. Daher sind 30-Tage-Challenges besser als Neujahrsvorsätze, wie du im 1. Kapitel „Vorsätze sind Fortsätze deines alten Lebens“ bereits gelesen hast.

Bleib täglich dran

Abhängig von deiner Veranlagung und davon wie konsequent du die Gewohnheit in deinen Alltag einbaust, kann es unterschiedlich lange dauern, bis ein neues Ritual völlig automatisch abläuft. Laut einer Studie des University College London bedarf es im Durchschnitt sogar zwei Monate (66 Tage) bis eine Gewohnheit etabliert ist. Es kann aber auch schneller oder länger gehen: Einem der Probanden der Untersuchung gelang es bereits nach 18 Tagen ein Gewohnheitsmuster aufzubauen, andere stellten jedoch erst mit dem 254 Tag eine Automatisierung ihres Verhaltens fest.[xi] Die Studie zeigte jedoch, dass nur eine regelmäßige Wiederholung zur wirklichen Verankerung der Gewohnheit führt.

Kleine Einheiten regelmäßig

Diese kleinen täglichen Wiederholungen müssen nicht lang sein. Ob du nun 5 Minuten oder eine Stunde an jedem Tag mit deinem neuen Ritual verbringen möchtest, entscheidest du selbst. Hauptsache du wiederholst es regelmäßig. Denn das Gesetz der Minimalkonstanz besagt, dass jede noch so kleine Handlung, Großes erreichen kann, wenn man sie nur häufig genug ausführt.

Wähle positive Ziele

Wenn du dir deine 30-Tage-Ziele setzt, formuliere sie positiv. Negationen wie „nicht“ und „keine“ sollte es in deinen Zielen nicht geben. Andernfalls steckst du in der Zwickmühle, dass du ein Ziel verfolgst, was du eigentlich nicht erreichen möchtest. Mit nicht positiv ausgedrückten Zielformulierungen stellst du dir selbst ein Bein.

Um es anschaulich zu machen, hier ein paar Beispiele aus meinen eigenen Erfahrungen. „Ich will nicht snacken“ oder „Ich will nicht mehr lästern“ sind negativ formulierte Ziele. Psychologisch gesehen achtest du in diesen Sätzen auf das Hauptwort „snacken“ bzw. „lästern“. Die Negation, also das kleine Wörtchen „nicht“, blendet dein Unterbewusstsein jedoch komplett aus. Auf was konzentrierst du dich also die ganze Zeit? Aufs „snacken“ und aufs „lästern“. Genau das, was du nicht wolltest.

Wie kannst du dies auch positiv formulieren? Träfe folgender Satz dein Vorhaben „nicht lästern“ vielleicht besser? „Ich lobe mein Umfeld ehrlich und aufrichtig“.

An dem Beispiel „nicht snacken“ hat mich diese Regel leider eingeholt, als ich mir im November die Challenge vorgenommen habe. Ich weiß aus eigener Erfahrung, dass eine solche negative Formulierung leider nicht funktioniert. Aber wahrscheinlich hat es auch nicht geklappt, weil ich auch Rahmenbedingung 5 nicht befolgt habe.

Werde konkret

Benenne das, was du erreichen möchtest, so konkret wie möglich. Ziele brauchen genaue Vorgaben, damit du sie erreichen kannst. So hast du einen Rahmen und einen abgesteckten Raum, in dem du dich bewegst. Das gibt Sicherheit.

Mein Snack-Beispiel hätte ich folgendermaßen formulieren können: „Ich snacke Obst und kleine Portionen Nüsse“ oder „Ich trinke einen Pfefferminz- oder Ingwertee, wenn ich Appetit bekomme“. „Nicht naschen“ bot mir keine Alternative an. Nur ein Verbot. Und wir wissen alle, wie Verbote auf uns wirken. Sobald etwas verboten ist, wird es erst recht attraktiv.

„Ich will abnehmen“ kannst du umformulieren zu „In 30 Tagen werde ich 2 Kilo abnehmen“ oder um es zugleich auch noch positiv formuliert zu haben „In diesen 30 Tagen werde ich 67 Kilogramm erreicht haben“. Vorausgesetzt du hast zuvor 69 Kilogramm gewogen.

Noch ein weiteres Beispiel gefällig? Du willst mehr lesen? Wie wäre es mit dem Satz „Ich lese in 30 Tagen zwei Sachbücher, indem ich morgens nach dem Aufstehen und vor dem Einschlafen jeweils 15 Minuten oder eine halbe Stunde lese.“

happy rituals – Step 14

Denke groß! Das ist leichter gesagt als getan. Denn wir lernen von Kindheit an, nett und bescheiden zu sein. Und wird beigebracht, dass realistisch denken, dass non plus Ultra ist. Dabei verlernen wir jedoch oft das Träumen.

Auch ich musste mich langsam heran tasten an dieses „Groß denken". Das war und ist gar nicht so einfach. So oft habe ich auch selbst noch diese Blockade im Kopf. Wir machen uns instinktiv klein, weil wir oft noch den Konzepten unserer Eltern, unserer Großeltern oder unserer Gesellschaft die absolute Hoheitsgewalt über unser Leben geben. Wir trauen uns, diesem kleinen Stern unter vielen, nicht zu, etwas bewegen zu können. „Was kann ich schon tun, um…", „Aber ich muss doch..." „Das geht bei mir nicht, weil…" – Meistens beginnen so die Sätze, die wir uns selbst sagen, um uns unbewusst klein zu machen und uns zu ermahnen, dass wir doch mal bitte halb lang machen sollen.

Doch halte dir immer vor Augen:

Ein Stern ist eine Sonne. Sei GROSS und scheine!

Vom definierten Ziel zu deinen Challenges

Nimm dir zunächst ein Blatt Papier, einen Stift und einen Textmarker zur Hand oder gehe zu den Online-Materialien und drucke dir das entsprechende Arbeitsblatt aus.

Notiere dir nun alle Challenges und Dinge, die du schon immer mal tun wolltest, die dich interessieren und von denen du glaubst, dass sie dich auf deinem Weg bereichern würden. Dabei berücksichtigst du auch all die Dinge, die du dir bereits in der Übung aus dem letzten Kapitel unter Frage 2 und 3 notiert hast. Alle Gewohnheiten und Fähigkeiten, die du gerne in deinem Leben haben würdest, kommen aufs Papier.

Finde mindestens 15 Dinge, am besten mehr. Lass alles raus, schreib alles auf, egal wie verrückt, optimistisch oder groß es dir vorkommen mag. Einfach raus damit. Am besten lässt du hier auch Themen deiner *Bucket List* oder auf deutsch Löffelliste einfließen, denn wenn du schon dein Leben ändern möchtest, warum dann nicht gleich richtig. Also alles auflisten, was du erreichen möchtest, bevor du „den Löffel abgibst“!

Diese Übung hilft dir dabei weiter Klarheit darüber zu bekommen, was deine Wunschthemen und Glücksgewohnheiten sein könnten.

Jetzt schau dir noch mal deine Notizen an. Entdeckst du Dinge die negativ formuliert sind? Wir haben ja bereits darüber gesprochen, dass wir positive Ziele bevorzugen. Daher formuliere deine „Anti-Vorhaben" in eine „Love-Liste" um.

So die Vorarbeit hast du geschafft!

Das war ganz schön anstrengend und aufreibend, oder? Bist du auf einige Punkte gestoßen, die du so nicht erwartet hättest? Wie gesagt, beeinflusse deinen Schreibfluss nicht dadurch, indem du schon darüber nachdenkst, ob dies überhaupt möglich ist oder nicht. Diese Liste schreibst du am besten in einem Rutsch und korrigierst hinterher nichts oder streichst nichts durch. Denn je mehr du darüber nachdenkst, desto stärker werden deine inneren Zensoren und nachher streichst du, die wirklich verrückten, aber wahnsinnig tollen Dinge Und das wäre doch sehr schade.

Jetzt finden wir deine einzelnen Challenge-Inhalte. Dafür teilen wir sie zunächst in unterschiedliche Kategorien ein. Was diese bedeuten, erfährst du hier:

Easy peasy

Easy – das ist gut zum Eingewöhnen.

Markiere drei Dinge mit dem Textmarker, bei denen du weißt, dass du sie relativ gut und ohne Probleme umsetzen kannst!

Wachstumsboost

Welche Wachstums-Challenges kann ich auf meiner Liste entdecken? Was will oder darf ich lernen?

Unterstreiche drei Stichpunkte, die dich und dein Leben bereichern würden!

Herausforderung angenommen

Okay, das wird interessant. Ich weiß, dass ich mich überwinden muss, um diese Challenge anzugehen. Aber ich will es versuchen.

Mach einen Kringel um drei Dinge, bei denen du genau dieses Gefühl hast!

Spaß in Tüten

Was würde mir richtig viel Spaß machen und worauf habe ich jetzt schon total Lust?

Kennzeichne diese Dinge wie auch immer du willst! Hauptsache bunt und unübersehbar.

Dies sind die vier Kategorien, die deine 30-Tage-Challenges ausmachen. Du hast dir 12 Stichpunkte markiert, die nun für dich dein Jahr ausmachen könnten.

Aber ich möchte dich bitten, noch nach einer weiteren Kategorie zu schauen. Diese werden gesondert betrachtet und sind sozusagen dein Bonus.

Mit Zeit kommt Mut

Puh, das wird (noch) nichts. Diese Vorhaben traust du dich vielleicht noch nicht anzugehen, oder die Zeit ist einfach noch nicht reif dafür. Manchmal wirken sie einfach zunächst überlebensgroß und deswegen unerreichbar.

Markiere du dir nun drei deiner Stichpunkte mit einem Herz ♥, Stern ★ oder anderem Symbol, bei denen zu glaubst, diese Vorhaben brauchen noch etwas Zeit, um zu reifen. Aber sie sind dir wichtig, vielleicht sogar ein Lebenstraum.

Diese besonders großen Challenges solltest du dir ebenfalls auf deinen Plan schreiben; abseits der anderen, aber trotzdem gut sichtbar. Denn so bleiben sie für dich im Hinterkopf. Irgendwann, wenn die Zeit reif ist und du genug Selbstwirksamkeit gesammelt hast, setzt du auch diese um. Da bin ich mir ziemlich sicher.

Fallen dir durch das Nachdenken über diese Umsetzung weitere Dinge ein, schreibe sie auch alle auf. Lass die Liste gerne offen liegen, dort wo du sie täglich sehen kannst. Vielleicht fallen dir ja noch ein paar Dinge ein.

Jetzt bist du bereit, dir deinen eigenen Plan von 30-Tage-Challenges zu füllen!

In den Materialien zum Buch auf der exklusiven Webseite zum Buch findest du einen 12-Monatsplan, den du nun mit deinen *happy rituals* füllen kannst.

Der *happy rituals* Jahresplan

Verteile die ersten vier Kategorien „Easy peasy", „Wachstumsboost", „Herausforderung angenommen" und „Spaß in Tüten" in einer regelmäßigen Verteilung über dein Jahr.

Mixe ein bisschen durch, so dass sich die Kategorien abwechseln. Dann bleibt es über das Jahr spannend und deine Motivation bleibt, durch die unterschiedlichen Fokussierungen gemäß der jeweiligen Kategorie, aktiviert.

Natürlich fängst du mit dem kommenden Monat an, mit dem du starten möchtest. Wenn das für dich der Juni ist, dann trage im Juni zum Beispiel eine Challenge der Kategorie „Easy Peasy" ein.

Alternativ könntest du als Start-Challenges jedoch auch mit unseren menschlichen Grundgewohnheiten beginnen. Diese stehen im Zusammenhang mit unseren Grundbedürfnissen.

Gretchen Rubin zählt in ihrem Buch „Erfinde dich neu“ folgende Grundgewohnheiten auf[xii]:

Schlaf,

Bewegung,

gesundes Essen und Trinken in den richtigen Maßen und

Ausmisten

Wenn du also Challenges in deiner Liste findest, die diesen Grundgewohnheiten zugezählt werden können, dann wären diese ein optimaler Start in deine 30-Tage Challenges.

Baue dir ein Grundgerüst. Trage nun deine gefundenen Challenges in die Monate ein. Dies tust du indem du dich am besten an den Kategorien orientierst. Denn so kannst du deine Vorhaben abwechslungsreich über dein Jahr verteilen. Natürlich kannst du auch bis zu einem gewissen Rahmen die Jahreszeiten bei der Planung berücksichtigen.

Beispiel:

Du hast deine Challenges folgendermaßen kategorisiert.

Easy Peasy:

Schlafe täglich mindestens 7-8 Stunden (dies ist auch eine Grundgewohnheits-Challenge)

Konzentriere dich auf Dankbarkeit und schreibe ein Dankbarkeitstagebuch

usw.

Wachstumsboost:

Mache täglich 15 Minuten Sport (Grundgewohnheits-Challenge)

Lebe einen Monat lang plastikfrei.

usw.

Challenge Accepted:

Dusche jeden Tag einmal richtig kalt.

Denke positiv und vorurteilsfrei: Einen Monat kein Meckern, Lästern oder Schimpfen.

usw.

Spaß in Tüten:

Mache jeden Tag etwas, das du liebst!

Lache jeden Tag mindestens einmal herzlich!

usw.

Nun heißt es, diese gleichmäßig über dein Jahr zu verteilen.

Dein *happy rituals* Challenge-Kalender könnte wie auf der folgenden Seite dargestellt aussehen, wenn er fertig ist. In der Tabelle habe ich zur Verdeutlichung nur die Kategorie angegeben und nicht die Beispiele genannt. Wenn du nun im Juni mit deiner ersten Challenge startest, dann beginnst du deine Tabelle entsprechend mit diesem Monat. In diesem Monatsfeld habe ich noch einmal zur Erinnerung die vier Grundgewohnheiten hineingeschrieben. Nach denen kannst du ebenfalls deine ersten vier Challenges kategorisieren und einplanen.

Im exklusiven Download Bereich findest du einen solchen Plan ansprechend gestaltet und für dich zum Download. Dann kannst du ihn Ausdrucken und Ausfüllen.

Let's go!

Januar	Februar	März
Deine Challenge der Kategorie z.B. Easy Peasy	Deine Challenge der Kategorie Wachstums-boost	**usw.** **Challenge Accepted**
April	**Mai**	**Juni**
Spaß in Tüten	Wachstums-boost	Easy Peasy oder **Schlaf**
Juli	**August**	**September**
Challenge Accepted oder **Bewegung**	*Spaß in Tüten* oder **Essen und Trinken**	Wachstumsboost oder **Ausmisten**
Oktober	November	Dezember
Challenge Accepted	*Spaß in Tüten*	Easy Peasy

Grafik 2: So könnte dein Jahreschallenge-Kalender aussehen. Eine designte Vorlage zum Ausfüllen gibt es in den Materialien zum Buch.

happy rituals – Step 15

Sei ein Glücksmagnet!

Wenn du das Glück zulässt und du dich komplett auf dein Glück konzentrierst und programmierst, dann wirst du zu einem Glücksmagneten.

Dann schläfst du abends zufrieden ein, da du weißt, dass du den Tag gut genutzt hast. Wenn dein Fokus auf einer positiven Grundstimmung und auf den kleinen Erfolgen im Alltag ist, dann ereignen sich auch wiederum mehr Dinge, die du als glückliche Fügung empfindest. Du ziehst sie nahezu magnetisch an. Dann wirkt das Gesetz der Anziehung.

Seit ich meinen Weg gehe, empfinde ich Glück in den kleinen Momenten. Doch kommt auch immer wieder das große Glück dazu. Wie zum Beispiel das Glück des Gewinnens. Erst zuletzt habe ich an einem Ein-Monats-Online-Seminar teilgenommen und zum Ende wurde ein Coaching unter den Teilnehmern verlost. Wer hat gewonnen? Ich habe gewonnen! Mein Glücksmagnet hat gute Arbeit geleistet.

Die Kunst des Anfangens und Dranbleibens

Anzufangen ist manchmal tatsächlich das Schwierigste überhaupt. Schwieriger noch sogar als dranbleiben. So werden ganze Bücher über die Kunst des Anfangens geschrieben.[xiii] Daher möchte ich dir hier einige Tipps, mit denen ich im letzten Jahr gut gefahren bin, mitgeben.

Die Kunst des Dranbleibens liegt darin, dich jeden Tag neu zu motivieren. Denn Dranbleiben ist mit einigen Hilfsmitteln reine Übungssache. Im Folgenden gebe ich dir einige Tipps an die Hand, wie auch du an deinen 30-Tages-Challenges nicht verzweifelst. Höre dabei in dich hinein, und ermittle, ob dieser Tipp tatsächlich etwas für dich ist.

Wie in dem Kapitel „Motivation ist wichtig, doch welche davon zieht dich“ bereits erwähnt, gibt es unterschiedliche Ausprägungen von Gewohnheitstypen. So kann es sein, dass genau ein Tipp bei dir nicht das gewünschte auslöst, bei anderen jedoch schon.

Höre hier auf dich! Wenn dich der eine Tipp nicht so abholt, überlege, wie du ihn vielleicht für dich abänderst, so dass er für dich passt.

So fängst du an

Mach dir einen Plan

Bevor du anfängst, mach dir einen Plan. Wann hast du Zeit, um mit deinem Vorhaben zu starten? Wo in deinem Tag kannst du diese kleine neue Gewohnheit unterbringen? Mit welchen Routinen, die du bereits hast, kannst du es verbinden? Wann ist vor allem deine Energie am höchsten?

Lege dir einen Zeitrahmen fest

Dein Ziel ist es, eine neue Gewohnheit über einen Monatszeitraum einzuüben. Im besten Fall täglich.

It's as simple as that. ;-)

Es reichen für den Anfang 5 bis 10 Minuten täglich, um dich stetig ein kleines Stückchen an dein Ziel heranzutasten. Am besten paarst du diese neue Gewohnheit mit einer Angewohnheit oder einem Reiz, den du sowieso schon hast. Wenn du zum Beispiel meditieren möchtest, verbinde die Einheit der

Meditation mit dem Aufstehen. So machst du dies stets zur gleichen Zeit.

Fang klein und einfach an und steigere dich

Egal, mit was du beginnen möchtest, versuche, nicht gleich in die Vollen zu gehen. Du willst wieder mehr Sport machen, hast aber die letzten Jahre nie oder eher selten Sport gemacht? Dann ist es nicht ratsam, direkt 5 Kilometer joggen gehen zu wollen oder 50 Liegestütze abzureißen. Fang am besten klein und einfach an.

Motiviert wie du am Anfang bist, legst du dir die Messlatte möglicherweise viel zu hoch. Doch damit läufst du Gefahr, dir gleich zu viele Hürden in den Weg zu legen.

Zunächst reicht es, in dem oben gewählten Beispiel deine Straße 5 bis 10 Minuten in einem schnelleren Tempo hoch und runter zu laufen. Die Geschwindigkeit, die Zeit und die Laufstrecke kannst du, wenn es einfacher geworden ist, langsam hoch setzen.

Irgendwann ist das Training so in deinen Ablauf eingespielt, dass du ganz automatisch täglich deine Übungen machst.

So bleibst du dran

Wenn du nun angefangen hast: Herzlichen Glückwunsch! Jetzt heißt es dranbleiben! Auch hier gilt der Hinweis: Höre immer wieder in dich hinein und passe zur Not den Tipp anhand deines Gewohnheitstypen an.

Freude steht im Vordergrund

Deine Challenge sollte dich fordern, aber nicht überfordern. Behalte im Hinterkopf, dass primär die Freude über das Ziel im Vordergrund stehen sollte. Druck kann motivierend wirken, aber nur bis zu einem gewissen Grad. Wenn es erst einmal in Stress ausartet, ist die Challenge schneller von der Agenda verschwunden, als du „Progressive Muskelentspannung“ sagen kannst.

Stress ist ein Gefühl, auf das der Körper mit Flucht oder Kampf reagiert. Tendierst du eher dazu, dass du die Challenge dann abbrichst oder unter vermehrter Anstrengung weiter machst? Aus Erfahrung kann ich sagen, dass deine innere Motivation sehr gut ausgeprägt sein sollte, damit du auch bei Stress dranbleibst. Halte dir deshalb immer dein „Warum" vor Augen!

Wenn du entspannt an die Sache heran gehst und dir für die Ergebnisse Zeit lässt, dann wirst du Fortschritte sehen, die du nicht zu verstecken brauchst.

Erzähle deinem Umfeld von deinem Vorhaben

Indem du deine Familie, deinen Partner und deine Freunde in deinen Plan einweihst, baust du zum einen die Möglichkeit für Unterstützung und zum anderen positiven Druck von außen auf. Denn seien wir mal ehrlich, wer gesteht anderen gerne gegenüber ein, dass er etwas nicht geschafft hat. Diese Blöße gibt man sich ungern. Deswegen kann eine gewisse Bringschuld Gold wert sein, um einen Haken an deine Challenge zu machen.

Indem du dein Umfeld einweihst, öffnen sich auch Möglichkeiten von ungeahnter Unterstützung. Deine Familie reagiert verständnisvoller und deine Freunde wollen vielleicht sogar mitmachen? Das ist alles schon mal vorgekommen. So wird es leichter sein, dran zu bleiben, da du dich nicht jedes Mal erklären musst, was und warum du, dies oder jenes „schon wieder" machst.

Viele bewundern eine solche Durchhaltefähigkeit und dieser äußere Zuspruch hilft dir wiederum, in der Spur zu bleiben.

Suche dir Gleichgesinnte

Suche dir jemanden, der mit dir das Ziel zusammen erreichen möchte. Einen sogenannten Ziele-Buddy, der auch ein Ziel verfolgt: Der auch anfangen und wirklich dranbleiben möchte. Mit ihm oder ihr kannst du deine Ideen und Erfolge teilen und noch viel wichtiger: Ihr pusht euch, wenn es mal etwas schwieriger wird.

Dieser Aspekt ist vor allem für die Gewohnheitstypen essentiell, deren Motivation vornehmlich mittels äußerer Faktoren funktioniert. Wenn es also dein Ziel ist, mehr Sport zu machen und du externe Faktoren brauchst, suche dir unbedingt ein Trainings-Buddy. Dieser holt dich in schwachen Momenten von der Couch. Das funktioniert nicht nur, weil ihr euch gegenseitig anfeuert und unterstützt, sondern auch weil du dir insgeheim ihm oder ihr gegenüber nicht die Blöße geben möchtest, dass du nicht trainiert hast.

Dafür muss man nicht mal in der gleichen Stadt oder in der gleichen Wohnung wohnen. Dieses System funktioniert auch per WhatsApp, Facebook, Telefon oder auf andere Art und Weise. Daher mein wärmster Tipp an dich: Suche dir einen Buddy! Tauscht euch aus, wie ihr euch am besten unterstützen könnt und auf welchem Wege dies funktionieren kann!

Der persönliche Austausch mit Personen aus deinem Umfeld ist auch gut, um neuen Input für dein

Vorhaben zu bekommen. Denn oft laufen wir gedanklich meistens die gleichen Wege ab. Da können im Austausch mit einem Menschen manchmal ganz andere Perspektiven entstehen. Auch ist es hilfreich Fragen stellen zu können.

Ein weiterer guter Weg, einen solchen Austausch für sich zu integrieren, wäre die Teilnahme an einem *Mentoring* oder einer *Mastermind.* So hast du regelmäßigen Kontakt zu einer oder mehreren Personen, die auch mit 100 Prozent bei der Sache dabei sind.

Nimm Kontakt mit jemanden auf, von dem du glaubst, er könnte dir bei deinem Vorhaben helfen. So ergibt sich oft ein Austausch, in dem beide Parteien voneinander lernen können.

Seit 2019 habe ich auch regelmäßig Mentor*innen, dank denen ich in mich immer neue Impulse bekommen und durch diese ich stetig wachsen kann. Daher habe ich mich entschieden, zukünftig auch als Mentorin anderen dabei zu helfen, ihre Vorhaben zu erreichen.

Wenn du Lust hast mit mir zusammen zu arbeiten, kannst du mich gerne über E-Mail (christin@happyrituals.de) oder über den Facebook-Messenger kontaktieren.

Wer schreibt, der bleibt

Schreiben macht Gedanken zu Realität. Über die Macht des Aufschreibens habe ich im Blog bereits mehrere Beiträge geschrieben: Wenn du dein Vorhaben niederschreibst, statt es nur in deinen Gedanken zu formen, wird es greifbarer und dies hilft dir beim Dranbleiben. Generell gilt: Wenn du deine Ziele konkret auf einem Blatt Papier ausformulierst, sind sie erfolgreicher. Hier gelten die Regeln, die wir bereits angesprochen haben: Formuliere deine Ziele positiv und konkret!

Führe ein Tagebuch

Aufschreiben ist so etwas wie die Wunderwaffe für das Ziele erreichen. Nicht nur ausformulierte Ziele helfen dabei, sie zu erreichen, sondern auch das *Tracken* deiner täglichen Fortschritte. Überlege dir daher, ob es für dich möglich ist, ein Ziel- oder Challenge-Tagebuch zu führen.

Ich führe zum Beispiel, seitdem ich mich den Challenges widme, täglich Buch über meine Fortschritte. Morgens notiere ich mir, welche kleinen Tagesziele ich habe und gehe am Abend durch, was ich wirklich geschafft habe. Es hilft mir, dranzubleiben – denn ich weiß, am Abend möchte ich wieder ein Häkchen an meine Tagesliste machen.

Das Wichtigste: Meilensteine feiern!

Du hast deine erste Challenge komplett durchgezogen? Wow, dann heißt es Gratulation an dich und deine Durchhaltefähigkeit.

Zu oft gehen wir davon aus, dass es ganz normal ist, wenn wir etwas erreichen und Erfolg um Erfolg aneinanderreihen. Dies wurde uns von unserer „Höher-Schneller-Weiter-Gesellschaft“ so vermittelt. Wir haben es dadurch verlernt, auch mal innezuhalten und stolz auf uns zu sein. Es ist etwas Besonderes, etwas abzuschließen. Das darf gefeiert werden. Im Leben geht es nicht nur ums Funktionieren!

Wenn ich „Feiern“ sage, meine ich jedoch nicht, dass du unbedingt immer die Sektkorken knallen lassen musst. Dieser äußere Faktor nutzt sich nämlich ziemlich schnell ab. Die **innere Bewusstmachung** und das „Sich-selbst-mal-auf-die-Schulter-klopfen“ bringt dich deinem Vorhaben, ein glückliches und bewussteres Leben zu führen, gleich doppelt so schnell entgegen. Jedes bewusste Innehalten und die Reflexion über die Schritte zum Erfolg helfen dir dabei, daraus deine Schlüsse zu ziehen. Aber ab und zu ist Schampus absolut das Richtige!

So habe ich es mir tatsächlich angewöhnt, erreichte Ziele auch wertzuschätzen und sie nicht als gegeben hinzunehmen, egal, wie klein sie sind.

Bleib flexibel

Manchmal merkst du jedoch, dass es nicht funktioniert.

Um an deiner Gewohnheit dranzubleiben, ist es manchmal notwendig, kleine Änderungen durchzuführen. Wenn es nicht mehr so gut klappt und du mehrfach bereits mit deinem *happy ritual* ausgesetzt hast, dann lohnt es sich, genauer hinzusehen. Frag dich, was du genau tust und warum es nicht klappt. Welche Veränderung braucht es, damit du wieder dranbleiben kannst?

Vielleicht hilft schon eine kleine Änderung an der Tageszeit, dem Ort oder an dem beteiligten Tool.

Was sich auf deinem Weg nicht als zielführend erweist und/oder zu viel Kraft kostet, sollte auf jeden Fall auf den Prüfstand gestellt werden.

So ist es keine Schwäche, eine Gewohnheit aufzugeben, die dich nicht weiterbringt. Sie stoisch weiter zu betreiben, nur weil du einmal damit angefangen hast und du dir nicht eingestehen willst, dass sie sie dir nichts bringt, ist hingegen verschenkte Lebenszeit.

Denn so kannst du die Energie, die frei wird, in etwas anderes stecken, das dich möglicherweise besser an dein Ziel bringt.

happy rituals – Step 16

Umsetzung kommt, indem du dich auch mal „umsetzt“. Sieh dir also deine Welt, auch mal aus der Sicht eines anderen an.

Wenn du einen anderen Blickwinkel einnimmst, neue Denkweisen oder Handlungsweisen in dein Leben lässt, dann bekommt dein Leben einen ganz anderen Drive. Bring dich in ungewohnte Situationen, lies dir einen neuen Wissensbereich an.

Lass dich darauf ein! Wer weiß, wohin es dich führen mag. Du musst nicht einmal zum Experten werden. Probiere das Leben in all seinen Facetten. Sei ein Alltagsheld. Sei ein Gewohnheitsabenteurer.

Sei aber vor allem du selbst.

Ein Monat – Eine Challenge – Ein Praxisbeispiel

Nun gehen wir richtig in die Umsetzung. Ich möchte dir anhand eines konkreten Beispiels zeigen, wie du in den 30 Tagen mit deiner Herausforderung umgehen kannst.

Wichtig ist jedoch, dass dies keine Schablone ist, denn jede Challenge funktioniert anders. Dies ist eine Ideen-Sammlung und als Empfehlung anzusehen, wie du es machen könntest. Es gibt aber auch viele andere Herangehensweisen.

Finde einen für dich passenden Weg und komme auf deine Weise an.

Zwei Arten von Challenges

Durch meine eigene Erfahrung im Ausprobieren von Herausforderungen bin ich auf zwei wesentliche Unterscheidungsmerkmale gestoßen. So gibt zwei Arten von Challenges:

Eine Handlung, die täglich ausgeführt wird.

Eine tägliche Beschäftigung mit einem Thema. Die Handlungen können hierbei variieren

In der ersten Kategorie geht es um eine Wiederholung einer Handlung. Hier dreht sich die Challenge neben der Handlung selbst unterschwellig auch um das einfache Dranbleiben und Durchhalten. Diese Herausforderung wählst du, um dir eine Konstante in dein Leben einzubauen. Darunter fallen zum Beispiel Vorhaben wie „Ich meditiere jeden Tag direkt nach dem Aufstehen 5 Minuten“. Du kannst unterschiedliche Meditationen ausprobieren, andere Orte und Sitzstellungen. Aber letztendlich geht es um die Praxis des Meditierens. Auch Challenges im Bereich Sport und Fitness können dazu gehören.

Im zweiten Challenge-Typ beschäftigst du dich mit einem Oberthema und gewinnst einen ungefähren Überblick über dessen Ausprägungen. Häufig ist es hier so, dass du dir jeden Tag etwas Passendes zu der Aufgabe überlegen darfst. Du durchläufst damit einen Entwicklungsprozess und baust dir unter anderem mehr Achtsamkeit und Wissen für diesen Bereich auf.

Zu diesen Challenges gehören:

Ich werde jeden Tag etwas Neues ausprobieren!

Ich ernähre mich einen Monat lang vegan!

Aufräum- und Ausmist-Challenges

Ich vollbringe jeden Tag eine gute Tat!

Ich lebe einen Monat plastikfrei!

Diese Challenges bedürfen in der Regel etwas Vorbereitung und Planung. Manchmal hilft es auch, mehr darüber zu erfahren und sich Expertenwissen durch Bücher oder Internetrecherche anzueignen.

Eine dieser Herausforderungen wollen wir uns im kommenden Kapitel genauer ansehen. Als Thema habe ich die „Plastikfasten"-Challenge gewählt, da ich diese erst im Februar dieses Jahres selbst ausprobiert habe und ich dir somit aus erster Hand berichten kann.

In den Materialien zum Buch auf der Webseite findest du eine weitere Challenge-Ideenliste zum Herunterladen und Ausdrucken.

happy rituals – Step 17

Bevor ich früher meine Einkäufe verstauen konnte, musste ich zunächst erst die Unmengen an Plastik entfernen, in die meine Lebensmittel eingepackt waren. Lange Zeit hatte ich dies als notwendiges Übel empfunden. Doch während meines letzten Familienbesuchs an Weihnachten entdeckte ich, dass meine Mutter und meine Schwester bereits seit geraumer Zeit, Kunststoffe aus ihrem Leben verbannt hatten. Also nahm ich mir beide als Vorbild, um nun auch meine eigenen Erfahrungen mit einem plastikfreieren Leben zu machen.

Sehr lange habe ich diese Challenge vor mir hergeschoben. Ich dachte es wäre viel zu schwierig, in unserer plastikliebenden Gesellschaft auf Plastik zu verzichten. Das stimmt auch bis zu einem gewissen Grad – aber der wesentliche Teil dieser Challenge findet im Kopf statt. Beim Einkaufen helfen dir viele Tipps und Tricks. Das Wichtigste ist jedoch, für die Zeit der Challenge und vielleicht auch noch danach die „Plastikfrei-Brille" aufzusetzen. So achtest du im Alltag mehr auf das, was dich umgibt und ob es in Plastik eingepackt ist oder nicht. Wenn du diesen Hebel im Gehirn umlegst, dann werden die Entscheidungen, die du infolge triffst, bewusster.

Ich trage diese Brille bei meinen Einkäufen tatsächlich auch nach meiner Challenge weiterhin. So versuche ich in kleinen Schritten, immer mehr für mich passende Lösungen für ein plastikfreieres Leben zu finden.

Dein ganzes Leben wirst du nicht in 30 Tagen umgestellt haben, aber es ist der Anfang, um den Start in einen bewussteren Konsum zu finden und die Brille an dich und so, wie es für dich möglich ist, anzupassen.

„Ich lebe einen Monat plastikfrei“

Die Challenge „Plastikfasten“ ist etwas, was du tun kannst, wenn dir unsere Umwelt am Herzen liegt. Denn du tust nicht nur etwas für dich, deine Gesundheit und deinen Geldbeutel, sondern auch für unsere Erde und die Zukunft künftiger Generation. In Zeiten von *Fridays for Future*, in denen wir uns Gedanken über die Zukunft unseres Planeten machen, passt diese Challenge wunderbar in den Zeitgeist. Umweltbewusstsein und Achtsamkeit mit unseren Ressourcen ist, wie ich finde, bereits längst im Mainstream angekommen.

Zunächst erscheint die Challenge oft als eine fast unüberwindliche Aufgabe. Doch dies muss nicht sein.

Wenn du jemand bist, der gerne 100 Prozent gibt, kannst du dir alle Tipps auf einmal vornehmen und ab dem ersten Tag komplett auf Plastik zu verzichten. Wie du vielleicht aus meinen Erzählungen in diesem Buch gemerkt hast, gehöre ich auch dazu. Daher nimm meinen Rat an: Wenn du merkst, dass es dir zu viel wird, mache eines: Schraube deinen Anspruch an dich selbst herunter. Denn du darfst hier ganz viele neue und ungewohnte Entscheidungen für dich treffen. Das kann selbst den größten Perfektionisten sehr unter Druck setzen.

Deswegen: Gehe langsam, aber komme an. Denn genau dies möchte ich dir in diesem Buch vermitteln. Wenn du die wesentlichen Inhalte der Challenge als Gewohnheit in dein Leben integrieren möchtest, dann ist weniger oft mehr. Das „Mehr" kommt dann mit der Zeit von ganz alleine.

Wenn du dich also langsam herantasten möchtest, dann nimm dir täglich kleine Anpassungen in deinem Alltag vor. Du musst nicht alles auf einmal über den Haufen schmeißen.

Das Thema „Plastikfrei" ist mit dem Oberbegriff Müllvermeidung (*Zero Waste*) gekoppelt und lässt sich nicht trennscharf abgrenzen. Daher wirst du in den kommenden Tipps auch vereinzelt Hinweise zum *Zero Waste*-Lebensstil finden. Ich bin keine Expertin für diese ressourcenschonende Art zu leben, wie zum Beispiel Marijana Braune. Aber ich habe dir in diese Liste mit 30. Anwendungsbeispielen und Fragen aus dem Alltag all meine Erfahrungen aus den 30 Tagen Selbstversuch aufgeführt.

Die Liste bietet dir für jeden der 30 Tage eine Möglichkeit, dich mit dem Thema „plastikfreies Leben" zu beschäftigen. Es sind Denkanstöße, Tipps zur Umsetzung oder Rechercheaufgaben. Damit es deine Challenge bleibt, mach dir bei jedem Bereich bitte erstmal deine eigenen Gedanken und recherchiere mindestens 5 - 10 Minuten im Internet.

Ob du sie in dieser Reihenfolge angehst, kannst du ebenfalls selbst entscheiden.

In Anschluss gebe ich dir auch noch ein paar weitere Lesetipps, falls du dich noch weiter in das Thema einlesen möchtest.

Auf geht's, mach dich jetzt auf den Weg in ein nachhaltigeres und bewussteres Leben. Wenn du diese 30 Tage durchziehst, wirst du vielleicht auch für dich andere Entscheidungen treffen wollen.

Ideen für eine Plastikfrei-Challenge

Tag 1: Mache deinen ersten plastikfreien Einkauf

Setz dir für die kommenden Tage für all deine Besorgungen eine „Plastikfrei-Brille" auf!

Denn in deinen Einkaufswagen sollten ab sofort nur noch Obst und Gemüse ohne Verpackung oder andere plastikfreie Produkte kommen. Nimm bewusst wahr, wie dass deine Kaufentscheidungen beeinflusst. Wo gehst du einkaufen? Wochenmarkt, Super- oder Biomarkt, Discounter?

Jeder Markt braucht seine eigenen Strategien. An den Frischetheken im Supermarkt oder auf dem Wochenmarkt kannst du gut Wurst, Käse, Fleisch oder

Fisch einkaufen. Im Discounter beschränkt sich leider teilweise der Einkauf auf unverpacktes Obst und Gemüse. Für die anderen Besorgungen legst du dir eine andere Strategie zurecht.

Wenn du Käse, Wurst und Fleischvorräte einkaufst, vergiss nicht, Behälter mitzunehmen, die du befüllen lassen kannst.

Tag 2: Wiederverwendbare Tüten oder Netze

Habe für deine Einkäufe ab sofort immer eine wiederverwendbare Tüte bei dir. Für Obst und Gemüse verwendest du am besten Gemüsenetze, statt der kleinen Tütchen zum Abwiegen. Diese gibt es mittlerweile überall zu kaufen. Einmal erworben, kannst du sie unendlich oft wiederverwenden.

Tag 3: Glasbehältnisse sind deine besten Freunde

Sammle ab sofort Glasbehältnisse wie Schraubgläser in den unterschiedlichsten Größen. Sie werden dir deine kommenden Tage erheblich erleichtern und immer wieder zum Einsatz kommen. Ob nun beim Einkauf, der Verwahrung deiner Vorräte und sogar beim Einfrieren – sie werden dir große Dienste leisten.

Tag 4:
Plastikfrei unterwegs

Statt deinen *coffee to go* aus einem Pappbecher zu trinken, nimm dein eigenes wiederverwendbares Trinkgefäß mit. Weitere Vorteile dieser Becher sind neben der Müllvermeidung auch, dass sie meistens verschließbar sind und das Getränk schön warmhalten.

Tag 5:
Essen oder Snack unterwegs

Snacks und verzehrfertige Mahlzeiten sind im Supermarkt leider meistens in Plastik verpackt. Um diesen Kauf zu umgehen, kannst du dir dein Essen zu Hause vorbereiten und in einer Brotbüchse oder einer Aludose mitnehmen. Weiterer Vorteil davon: Es spart dir für die kommenden Wochen viel Geld.

Tag 6:
Plastikflaschen waren gestern

Wie trinkst du dein Wasser? Kaufst du dir abgefülltes Wasser in Plastikflaschen? Dann solltest du für die kommenden Tage auf Glasflaschen umstellen. Wenn du stilles Wasser bevorzugst, ist das Wasser aus dem Wasserhahn eine gute Alternative. Ich persönlich fülle mein Trinkwasser immer vom Hahn ab. Mehr

Informationen über die Trinkwasserqualität in deiner Region findest du im Internet bei den Stadtwerken deiner Stadt oder Gemeinde.

Tag 7:
Gehe in einen Unverpackt-Laden

Der nächste Einkauf steht an. Besuche (wenn möglich) einen Unverpackt-Laden in deiner Stadt. Dort kannst du dich mit Grundnahrungsmitteln, wie Nudeln, Reis, Mehl, Nüssen und Gewürzen eindecken. Diese Läden sind in der Regel auch nicht viel teurer als die normalen Supermärkte. Das Einkaufserlebnis ist etwas ganz Besonderes und macht tatsächlich total Spaß. Probiere es einfach mal aus! Hier kommen deine Glasbehälter zum ersten Mal richtig zur Geltung.

Tag 8:
Recherchiere nach einem Laden mit Unverpackt-Station

Wenn es in deinem Ort keinen Unverpackt-Laden gibt, dann lohnt es sich, Alternativen zu suchen. Hofläden bieten häufig auch Unverpacktes an. Außerdem gibt es in größeren Städten möglicherweise auch Supermärkte (z.B. Edeka) oder Bioläden mit Unverpackt-Stationen. Heute kannst du dich im Internet einmal auf die Suche danach machen.

Tag 9:
Milchprodukte im Glas

Wie kaufst du deine Milch oder Milchprodukte? Leider wird Milch mittlerweile vornehmlich in Tetra Paks und Milchprodukte wie Joghurt und Quark in Plastikverpackungen verkauft. In den kommenden Tagen solltest du am besten auf Milch und Joghurt in Pfand-Glasbehältern zurückgreifen.

Tag 10:
Eine plastikfreie Küche?

Schau dich heute einmal in deiner Küche um. Was entdeckst du alles aus Plastik? In der Regel ist das recht viel. Dies ist kein Aufruf dazu, dass du dich ab sofort von diesen Dingen rigoros trennst und dich mit neuen Dingen aus anderen Materialien eindeckst. Nein, nimm einfach mal wahr, wie sehr wir von Plastik umgeben sind. Erst dann kannst du dir Gedanken machen, ob du das weiterhin für dich möchtest. Vielleicht entscheidest du dich tatsächlich. nach und nach Plastik gegen Alternativen auswechseln.

Tag 11:
Tupperware und Plastikdosen

Gestern hast du davon wohl auch ganz viele Exemplare in deiner Küche entdeckt. Denn Plastikdosen und -schüsseln gehören irgendwie zur

Standardausstattung eines Haushalts. In den kommenden Tagen lässt du diese jedoch im Schrank und verpackst deine Lebensmittel anders. Schraubgläser können auch hier wieder zum Einsatz kommen.

Tag 12:
Tee in Teebeuteln

Tee in Teebeuteln sorgt für ein leckeres heißes Getränk – aber leider auch für ganz viel Mikroplastik in deiner Tasse. Recherchiere heute einmal, welche Teehersteller kein Mikroplastik in ihren Beuteln verarbeiten. Ein kleiner Hinweis: Dies sind vornehmlich Biomarken und überraschenderweise auch eine konventionelle Marke. Einen Post zu diesem Thema findest du auf dem Instagram-Profil von @christin.kunze.coaching

Tag 13:
Einfrieren

Zum Einfrieren brauchst du ab sofort keine Gefrierbeutel mehr. Deine Schraubgläser sind auch hier wieder sehr gut zu benutzen. Bei flüssigen Inhalten solltest du jedoch darauf achten, dass du nur 80 Prozent der Flüssigkeit einfüllst. Dann brauchst du auch keine Angst haben, dass das Glas platzen könnte. Brot oder Brötchen friere ich mittlerweile im Stoffbeutel ein.

Tag 14:
Plastikvermeidung ist Müllvermeidung

Je weniger Plastikverpackungen du mit nach Hause nimmst, umso mehr Müll vermeidest du. In den 30 Tagen meiner Challenge habe ich tatsächlich nur eine Mülltüte mit Plastikmüll gefüllt! In der Regel war das sonst eine pro Woche. Schaffst du das auch?

Tag 15:
Biomüll kompostieren oder nachhaltig entsorgen

Biomüll gehört in keine Plastiktüte! Achtung: Auch nicht in Tüten aus biologisch abbaubarem Plastik! Denn das verrottet viel zu langsam![xiv] Daher verwende ich ab sofort Papiertüten, um meinen Biomüll zu sammeln. Weitere Vorteile davon sind, dass er häufiger weggebracht werden muss, nicht schimmelt und dadurch anfängt zu riechen. Wer einen Garten hat, kann sich auch einen Komposthaufen anlegen. Damit kannst du deine Bioabfälle als Dünger wiederverwerten.

Tag 16:
Putzen ohne Plastik

Wie viele Putzmittel hast du im Schrank? Ist es notwendig, für jede Putzmöglichkeit ein eigenes

Putzmittel zu haben? Allesreiniger, Küchenreiniger, Badreiniger, Bodenreiniger, Fensterreiniger – all dies muss doch eigentlich nicht sein. Überblicke heute einmal deine Vorräte und lies dir die Inhaltsstoffe durch. Putzmittel sind häufig versetzt mit Mikroplastik (u. a. als Schcuerstoffe) und werden in Plastikflaschen verkauft. Weiteres Gegenargument: Viele handelsüblichen Reiniger sind voller Chemie und dazu auch noch teuer. Überlege heute bitte einmal, wie du darüber denkst, ob du nicht den ein oder anderen einsparen oder künftig gegen eine umweltfreundlichere Variante ersetzen möchtest.

Tag 17:
Hausmittel zum Putzen

Gestern haben wir uns über den bewussten Umgang mit Putzmitteln und die darin verwendeten Inhaltsstoffe Gedanken gemacht. Ich persönlich achte bei Putzmitteln nun auf plastikfrei, chemiefrei und lebensmittelecht. Dies tue ich, indem ich ab sofort keine Reiniger mehr kaufe, sondern selbst herstelle. Mit wenigen Hausmitteln wie Natron, Zitronensäure, Essig und Speisestärke lassen sich nämlich viele chemische Putzmittel ersetzen. So habe ich mir letztens einen Toilettenreiniger aus Zitronensäure, Speisestärke, Spülmittel und Lavendelöl selbst hergestellt. Vom Ergebnis war sich echt begeistert. Dieses und viele weitere Rezepte findest du auf der Webseite von smarticular.net.

Tag 18:
Wäsche waschen

Handelsübliche Waschmittel verwenden oft Mikroplastik und sind in Plastikflaschen oder Tüten verpackt. Überlege ob es für dich möglich ist, beim nächsten Einkauf auf plastikfreie Alternativen umzustellen. Du könntest dir in deinem Unverpackt-Laden in der Nähe Waschmittel abfüllen lassen oder auch auf Produkte mit dem europäischen Ecolabel (www.ecolabel.eu) zurückgreifen. Natürliche Alternativen zum Selbermachen gibt es auch hier: Kastanien oder Efeublätter haben gute Wascheigenschaften.

Tag 19:
Kleidung aus Kunststofffasern waschen

Unsere Kleidung besteht heute häufig aus Kunststofffasern. Durch Waschen entsteht Abrieb und kleine Plastikteilchen geraten in unser Wasser. Ein spezieller Waschbeutel für Materialien aus Kunststofffasern kann dies verhindern. Der sogenannte „Guppyfriend“ fängt den Faserabrieb auf und somit gelangt kein Mikroplastik mehr in unser Grundwasser.

Tag 20:
Plastikfreies Bad

Nach der Küche machst du nun eine Bestandsaufnahme deines Badezimmers. Hier finden wir wahrscheinlich ebenfalls mehr Plastik, als uns lieb ist. Fast jeder Tiegel oder Behälter von handelsüblicher Kosmetik besteht aus Kunststoff und in sehr, sehr vielen Produkten befindet sich Mikroplastik. Was findest du alles in deinem Bad? Könntest du dir vorstellen, dies auf lange Sicht zu ersetzen?

Tag 21:
Die Seife für (fast) alles

Wir waschen unsere Hände mit der Cremeseife aus dem Plastikspender, duschen mit Duschgel in dem nett designten Fläschchen und waschen uns die Haare mit dem Shampoo aus der Plastikflasche. Dabei gibt es für all dies eine einzige Lösung: Das gute alte Seifenstück. So gibt es spezielle Haarseifen und trockene Shampoo-Stücke sowie tolle Seifen für die Hände, das Gesicht und den Körper. Ich möchte euch jedoch eine Alleskönnerin unter den Seifen vorstellen: die Aleppo-Seife. Mit ihr kannst du duschen, dein Gesicht reinigen, Haare waschen, dich rasieren und sogar hartnäckige Flecken entfernen. Ich schwöre schon seit Jahren auf das grün-braune Alltags-Wunder aus Oliven- und Lorbeeröl.

Tag 22:
Feuchtigkeit für deine Haut

Statt Körpermilch oder -lotion aus der Plastikflasche, kannst du einfaches Öl für deine feuchtigkeitsspendende Pflege nutzen. Je nach Hauttyp empfehlen sich unterschiedliche Öle: So ist Olivenöl besonders für trockene Haut geeignet und Leinöl wirkt entzündungshemmend. Kokosöl wird als der Allrounder angesehen und häufig in der Do it yourself-Kosmetik verarbeitet. Der Vorteil an Ölen zur Pflege ist, dass du sie nicht teuer und fancy verpackt in der Drogerie, sondern im Supermarkt bei den handelsüblichen Speiseölen kaufen kannst.

Tag 23:
Wegwerfprodukte

Im Badezimmer findest du ganz viele Wegwerfprodukte, die eigentlich nicht sein müssen. Tampons, Abschminkpads und Wattestäbchen verbrauchen kostbare Ressourcen und werden nach einem Gebrauch weggeworfen. Eine Menstruationstasse, waschbare Pads und wiederverwendbare Stäbchen stehen hier als Alternativen zur Verfügung. Du darfst entscheiden, ob dies für dich Möglichkeiten sind, um Plastik und Rohstoffe zu sparen.

Tag 24:
Gut fürs Geschäft: Toilettenpapier

Das Problem mit Toilettenpapier in der Plastikfrei-Challenge ist, dass es in einer Plastiktüte verpackt verkauft wird. Dazu kommt, dass Toilettenpapier in Corona-Zeiten vorübergehend zu einem raren Gut geworden ist. Menschen, die bisher noch nichts von *Zero Waste* gehört haben, mussten so auf einmal notgedrungen Alternativen für die weiße Zellstoffrolle finden. Es liegt eigentlich auf der Hand, dass Wasser hier das natürlichste Mittel für ein sauberes Geschäft darstellt. In vielen Kulturen ist die Wasserbrause zum Reinigen des Allerwertesten das Normalste auf der Welt. Wer zuhause kein Bidet hat, kann sich mit einer manuellen Podusche aushelfen. Ein Handtuch macht dann wieder alles trocken. Klar, ich gebe zu, das bedarf einiges an Umgewöhnung und Umdenken. Auch ich versuche hier noch für mich den besten Weg zu finden. Ein Umdenken kann jedoch vielen Bäumen ein Ende im Abfluss ersparen.

Zu diesem Thema empfehle ich dir die Folge 43 vom Podcast „*Don't Waste – Be happy*" von Marijana Braune. Hier geht die *Zero Waste*-Expertin auf dieses spezielle Thema ein und entkräftet so manchen Einwand, warum Klopapier so viel besser und hygienischer ist als Wasser.

Tag 25:
Mikroplastik im Gesicht?

Auch in unserer Gesichtskosmetik verarbeitet die Industrie leider oft Mikroplastikteilchen. Ein Blick in die Inhaltsstoffe zeigt dir recht schnell, ob dies auch bei deiner Creme der Fall ist. Kunststoffe erkennst du in den Inhaltsstofflisten unter anderem an dem „Poly“ im Namen.

Tag 26:
Zahnhygiene plastikfrei

Deine Zähne lassen sich auch ohne Plastik säubern. Zahnbürsten aus Bambus sind zu 100 Prozent kunststofffrei und werden aus einem nachwachsenden Material hergestellt. Statt Zahnpasta aus der Tube gibt es mittlerweile Zahnputztabletten oder Paste aus dem Glastiegel.

Tag 27:
Schreibgeräte

Wie viele Kunststoffkugelschreiber hast du in all deinen Schubladen? Unzählige sicher. Genauso wie ich. Ich glaube, ich komme die nächsten drei Jahre über die Runden, ohne überhaupt auf neues Schreibmaterial angewiesen zu sein. Bevor du dir also die nächsten

Stifte ins Haus holst, nutze doch besser die bereits vorhandenen. Ich persönlich möchte, nachdem ich diese Reserven verbraucht habe, eine wiederbefüllbare Alternative, wie zum Beispiel einen Kolbenfüller, nutzen. Das Schreiben mit einem Tintenfüller ist, wie ich finde, sowieso viel stilvoller.

Tag 28:
Bienenwachstücher

Bienenwachstücher sind derzeit in der Küche der letzte Schrei. Sie ersetzen Plastik- und Alufolie und helfen somit, weitere Wegwerfprodukte zu vermeiden. Das Bienenwachs wirkt durch seine Eigenschaften zudem antibakteriell und hilft dabei angebrochene Lebensmittel frisch zu halten.

Tag 29:
Strohhalm-Alternativen

Plastik in den Weltmeeren entwickelt sich zu einer der größten Naturkatastrophen. Mit Schrecken erinnere ich mich noch an ein YouTube-Video, in dem einer Meeresschildkröte unter größten Schmerzen ein circa 12 Zentimeter langer Plastikstrohhalm aus einem Nasenloch gezogen wurde. Seitdem bringe ich den Gebrauch von Plastik-Strohhalmen nicht mehr über mein Herz.

Zum Glück bin ich hier nicht mehr alleine. Immer mehr Bars und Cafés steigen auf plastikfreie Alternativen um. Wenn dies in deiner Stammkneipe noch nicht geschehen ist, informiere die Bedienung bei deiner Bestellung direkt, dass du keinen Strohhalm möchtest. Für zuhause kannst du Trinkhalme aus Kupfer, Glas oder Makkaroninudeln zum Schlürfen von Cocktails, Saft oder Cola nutzen.

Tag 30:
Kaffeekapseln

Eine der größten Umweltsünden sind wahrscheinlich die Aluminium-Kaffeekapseln. Ich besitze zwar auch eine solche Maschine, befülle jedoch bereits benutzte Kapseln mit handelsüblichem Filterkaffee und kaufe somit nur noch gemahlenen Kaffee nach. Plastikfreier ist es jedoch, wenn du deinen Kaffee mit einer „normalen" Kaffeemaschine, einer French Press oder einem Kaffeevollautomaten aufbrühst. Ein weiterer *Zero Waste*-Tipp: Den Kaffeesatz kannst du zudem auch noch wiederverwerten. Er lässt sich sehr gut als Blumendünger oder auch als Peeling für die Haut benutzen. Mische dafür den Satz mit etwas Olivenöl und Honig. Fertig ist das DIY-Körperpeeling.

Weitere Inspirationen für dich:

Der Blog, Podcast und das eBook von Marijana Braune von Don't waste, be happy.

Der *Zero Waste*-Blog der Züricher Bloggerin Madame Ecolo (www.madameecolo.com)

Die Community von www.Smarticular.net: Für alle Fragen rund um die Themen plastikfrei, *Zero Waste* und einen bewussten, nachhaltigen Lebensstil.

Hast du alle diese Tipps ausprobiert? Wow, dann bist du jetzt bereits ein Experte in Plastikvermeidung. Ich gratuliere dir zur geschafften Challenge!

Wie fühlt es sich für dich jetzt an, all dies einmal ausprobiert zu haben? Du darfst stolz auf dich sein! Wirst du vielleicht einiges in deinen Alltag integrieren wollen? Das ist sehr gut!

Oder hattest du einen Durchhänger und bist vielleicht sogar irgendwann aus deiner Challenge ausgestiegen? Vielleicht hat es (dieses Mal) nicht geklappt und du bist unzufrieden mit dir. Du hättest gerne mehr gemacht, doch irgendwie hat es nicht gereicht, die Motivation blieb auf der Strecke. Dann lies jetzt das kommende Kapitel! Dort zeige ich dir, wie du mit Rückschlägen umgehen kannst.

happy rituals – Step 18

Du bist nicht allein! Dein Weg wird dich mit vielen Menschen in Verbindung bringen. Tolle Menschen, kostbare Menschen, Menschen, die eine Lektion für dich haben und von denen du lernen kannst. Wenn du dich auf den Weg zu dir machst, werden ganz automatisch Menschen, die zu dir in diesem Moment passen, in dein Leben treten.

Mit einigen wirst du Freundschaft schließen, andere werden jedoch wieder gehen. So war es auch bei mir. Ganz viele neue Freundschaften sind auf dem Weg entstanden. Freundschaften mit Menschen, die mich verstehen und ähnlich wie ich ticken.

Meistens kamen sie ganz unverhofft in mein Leben. Ich habe es nie darauf angelegt, sondern die Verbindung ist natürlich entstanden. Auch habe ich erfahren, dass das Leben sich zu nichts zwingen lässt. Menschen, die ich unbedingt in meinem Leben haben wollte, sind wieder gegangen. Ich hätte mich auf den Kopf stellen können oder sogar müssen, trotzdem wären sie nicht längerfristig Teil meines Lebens geblieben. Nur ich hätte mich wieder an andere angepasst. Denn das Ergebnis wäre gewesen: Christin auf dem Kopf und damit in absoluter Disbalance. Ich wäre wieder dort, wo ich herkam. Da will ich aber nie wieder hin. Nicht weil es SO schlimm war, sondern weil es jetzt SO viel besser ist!

Das Leben wird mir schon die richtigen und passenden Personen schicken, die zu mir und meinem Leben passen. Davon bin ich überzeugt.

Was tun, wenn es mal nicht klappt

Dranbleiben ist eine Kunst. Was tust du aber, wenn das mal nicht geklappt hat? Du hast dir etwas vorgenommen, was du leider nicht erreichen konntest. Egal ob du jetzt jeden Tag Sport machen oder 30 Tage Plastik aus deinem Leben verbannen wolltest. Trotz aller Vorbereitung, Planung und deiner Vision hat es nicht geklappt und bereits am 10. Tag wurdest du vom Schweinehund überwältigt. Wie gehst du nun mit dieser Niederlage um?

Tröste dich, auch anderen geht es so. Auch ich musste mich bereits ein paar Male geschlagen geben. Rückschläge gibt es und diese sind ganz natürlich. Wir sind einfach Menschen und wir Menschen dürfen fehlbar sein. Du und ich sind nicht perfekt und manchmal reicht es eben nicht zu hundert Prozent. Wobei wir uns auch die berechtigte Frage erlauben dürfen: Muss es immer 100 Prozent sein, reichen nicht auch 80, damit du zufrieden sein kannst? Hier möchte ich gar nicht so sehr darauf eingehen. Wenn dich diese

Fragestellung (Pareto-Prinzip) interessiert, kannst du gerne dazu auf meinem Blog weiterlesen.

Bei Rückschlägen ist es wichtig, dass du dir keine Vorwürfe machst. Sei fair zu dir und verständnisvoll! Es kann passieren. Rede in dieser Situation mit dir, wie du mit deiner besten Freundin sprechen würdest. Ihr würdest du vermutlich auch keine Vorhaltungen machen, wie schlecht sie doch sei und dass es doch klar war, dass sie es wieder nicht geschafft hätte, oder? Aber meistens reden wir selbst genauso mit uns so, wenn wir „enttäuscht“ von uns sind.

Frag dich stattdessen lieber: Hast du dein Bestes gegeben?

Wenn du diese Frage ehrlich mit „Ja“ beantworten kannst, dann ist doch alles gut. Du hast das gegeben, was dir in diesem Moment möglich war, bist fünf Mal die Woche drangeblieben. Warum denkst du dann, du hättest versagt? Du hast es geschafft!! Wie gesagt, 100 Prozent sind nicht die Richtlinie. Nehme an, was und wieviel du geben konntest und dann sei stolz auf das, was du umgesetzt hast.

Wenn du jedoch mit „Nein“ geantwortet hast, dann hör einmal in dich hinein und überlege dir was du tun kannst, um es das nächste Mal besser zu machen. Lege dir Strategien zurecht, die dich dabei unterstützen, dein Ziel zu erreichen. Denn nach dem Hinfallen ist aufstehen das Allerwichtigste.

Lerne aus deinen Fehlern und daraus, warum es nicht geklappt hat. Deine Fehler entwickeln dich weiter, wenn du aus ihnen Schlüsse für die Zukunft schließt.

30-Tage-Challenges sehe ich als die kleine Schule fürs Leben. Hier kannst du dich ausprobieren, auch mal versagen und daran wachsen. Nur komplett aufgeben solltest du bitte nicht. Vor allem nicht zu früh. Denn oft wird es unverhofft schwerer, als man denkt. Doch wenn du dich dann durchbeißt und aus diesen kleinen Rückschlägen lernst, dann weißt du das nächste Mal, wie du besser mit einer ähnlichen Situation umgehst. So lernst du auch mit alltäglichen Problemen und Niederschlägen umzugehen.

Scheitern gehört zum Leben dazu. Es ist nicht immer alles eitler Sonnenschein. Aber erst durchs Scheitern können wir einen Sieg richtig schätzen lernen. Das eine wäre, ohne das andere, ja gar nicht existent.

Fehler haben das Potential von Wachstum in sich, wenn du aus ihnen lernst. Wer wächst, kultiviert auch sein Glück. Überwinde dich, mache Fehler, fall auch mal hin. Das Wichtigste aber ist: Steh einmal mehr auf, als du zu Boden gegangen bist. Dann baust du in dir eine Quelle des Glücks auf.

Als kleines anschauliches Beispiel möchte ich dir wieder einmal meine eigenen Erfahrungen an die Hand geben. So war ich im ersten Halbjahr 2019 jeden Monat erfolgsverwöhnt mit meinen Challenges. Monat für Monat widmete ich mich mit viel Energie meinem Plan. Ich lernte viel über mich und tatsächlich wurde ich mit jedem Monat zufriedener. Doch trotzdem musste ich mehrmals auch mit Rückschlägen umgehen. Denn nicht immer klappt es so, wie man sich es vorgestellt hat.

Das beste Beispiel für solch einen Fall war der Oktober. In diesem Monat wollte ich digitalen Detox ausprobieren. Nur leider merkte ich recht bald, dass ich diese Challenge nicht zu 100 Prozent durchziehen konnte. Ich wusste also, dass ich voraussichtlich „scheitern“ würde. Mir war klar, dass ich auf mein Smartphone und auch das Internet einen Monat nicht verzichten kann. Doch wer gibt diese Richtlinien vor? Stattdessen konzentrierte ich mich auf das, was ich geben konnte. Statt also klein beizugeben, fasste ich einen Plan B: Ich setzte mir einfach eigene Regeln auf. So konnte ich, mein Vorhaben doch erreichen, indem ich 10 kreative Wege zu mehr *Offline* fand.

Ich konzentrierte mich eben auf das, was ich schaffen konnte. Ich fand eine Herangehensweise, die mir erlaubte, tatsächlich effizient mein Ziel zu erreichen. Ich akzeptierte, was ich geben konnte und auch wollte. Alle anderen von außen an mich herangetragenen Vorstellungen, wie ich doch „digital zu entgiften“ hätte, ließ ich los.

Mein Plan, meine Regeln. Durch diese Herangehensweise erreichte ich doch mein (leicht abgeändertes) Ziel, mit weniger Aufwand und doch sehr effektiv. Du siehst du musst es dir nicht immer schwer machen, es kann auch einfach sein. Das Wichtige ist, dass es in dein Leben und vor allem zu dir passt. Dann ist alles gut.

So sagte auch schon der Erfinder des „Selbst-Entwicklers“ Jens Corssen: „Glück ist eine Überwindungsprämie“.

Setze dir Ziele und erreiche sie! Oder lerne daraus, wenn du sie nicht erreichen solltest. Wachstum ist einer der sichersten Wege zum Glück. Denn wer wächst, wird glücklich.

DAS IST DAS GESETZ DER HAPPY RITUALS <3.

Schluss

Glücksgewohnheiten.

happy rituals.

Positive Rituale.

Kleine Momente des Glücks in deinem Alltag.

– Egal wie du sie nennen möchtest.

Wachstum kommt durch Tun und Glück kommt durch Wachstum.

Davon bin ich überzeugt.

Ich hoffe, ich konnte dich mit diesem Buch auch überzeugen. Nämlich davon, dass du es in deiner Hand hast, die Person zu sein, die du sein willst und das zu erreichen, was du erreichen willst. Groß, strahlend, selbstbewusst und glücklich.

Wenn kleine Dinge in deinem Leben schon solch eine Macht haben, so etwas für dich zu bewirken – was können dann erst die großen Schritte für dich bedeuten?

Große Schritte wie zum Beispiel das Erfüllen eines Lebenstraums. Für mich persönlich ist dieses Buch ein solch großer Schritt. Und ich bin gespannt, was nun daraus entsteht. Für mich, aber vor allem für dich.

Du hältst das Buch nun in deinen Händen und wenn du diesen Satz liest, bist du tatsächlich den ganzen Weg mit mir gegangen. Danke dir aus ganzem Herzen dafür!

Ich schrieb dieses Buch für mich, doch vor allem FÜR DICH.

Denn es liegt mir am Herzen, dass auch du deinen eigenen Weg der *happy rituals* gehst und findest.

Dass du glücklich bist.

Dass du wie eine Sonne scheinst.

Dass du ein Glücksmagnet bist.

Dass du, wenn du willst, eine Wachstumsamazone oder ein Wachstumseroberer bist.

Sei alles, was du willst.

Doch vor allem: Bleib bei dir selbst!

Auf geht's!

Bleib happy und vor allem dran

Deine Christin

P.S.:

Danke dir, dass du dieses Buch gekauft und gelesen hast. Wenn es dir gefallen hat, hinterlasse gerne eine 5

Sterne Bewertung, denn damit kann das Buch noch mehr Leser gewinnen.

Exklusive Zusatzmaterialien zum Buch

Online-Materialien zum Buch

Wünschst du dir die Übungen und die Pläne aus dem Buch zum Herunterladen, Ausdrucken und Ausfüllen sowie weitere Informationen? Dann hol dir diese auf einem Bereich auf meiner Webseite, zu der nur Buchkäufer Zutritt bekommen.

Die URL der geheimen Seite lautet: https://www.happyrituals.de/rituale-die-glucklich-machen-materialien

Zugang erhältst du mit folgendem Passwort:

Wachstumsamazone

Über die Autorin

Christin Kunze, Jahrgang 1981, ist Autorin sowie Transformations-Coach, Theta Healer und Human Design Coach. Sie arbeitet und lebt in Bonn.

Foto: Rachit Gupta

Ich bin mit Leib und Seele Coach und unterstütze Menschen dabei sich selbst besser kennen zu lernen und in ihre Kraft zu kommen. Den eigenen Herzenswünschen im Leben Raum zu geben ist eines meiner wichtigsten Themen, da ich selbst dies wieder lernen durfte. Nach jahrzehntelangem Schneewittchen-Schlaf holte ich selbst wieder ein Herzenswunsch aus mir hervor und machte mich an die Umsetzung. In 2020 verwirklichte ich meinen größten Lebenstraum: Ich schrieb und veröffentlichte endlich mein eigenes Buch (du hast es in den Händen!). Mittlerweile darf ich sogar auf drei Bestseller-Bücher über Glücksgewohnheiten zurückblicken.

In meiner Tätigkeit als Coach und Heilerin führe ich Menschen achtsam und mit Empathie anhand ihrer eigenen Stärken, Wünsche und Bedürfnisse zurück zu ihrem eigenen Wesenskern.

Durch den Weg zurück zu mir, den ich durch die Glücksgewohnheiten begann kam ich immer mehr meiner eigenen Wahrheit und meinen eigenen Wünschen auf die Spur, aber vor allem in meine Kraft, meine Klarheit und der Wunsch diese Spiritualität zu leben. So machte ich mich auf den Weg zurück zu meinen Träumen und Möglichkeiten, die viel zu lange verschüttet waren. Denn ich hatte Angst vor meiner eigenen Größe und vor dem, was ich aus eigenem Antrieb alles erschaffen kann – doch damit ist ein für alle Mal Schluss. Für mich und vielleicht auch für Dich.

Denn diesen Weg kannst auch du gehen, wenn du tief in dir spürst, dass auch du den Weg deiner eigenen Wahrheit gehen willst. Du bist nicht allein. Du musst den Weg nicht allein gehen. Es geht nicht um die EINE Veränderung, sondern um die kleinen Schritte, die den großen Unterschied machen. Kleine Schritte ausprobieren und damit DEINEN Weg zum Glück finden.

Lerne mich gerne in einem Erstgespräch kennen. Schreibe mir gerne ein E-Mail an christin@happyrituals.de oder buche einen Termin hier: https://calendly.com/christin-kunze/30min

Weitere Produkte

Meine Webseite und der happy rituals Blog:

Auf www.happyrituals.de erfährst Du mehr über die Möglichkeiten ein Leben nach Deinem eigenen Plan aufzubauen. Zudem findest Du dort all die Artikel, die ich während der Zeit meiner Challenge verfasst habe. Ich erzähle Dir viel über mich und den Weg, den ich selbst gegangen bin. Die im Buch genannten Links zu einzelnen Blogbeiträgen findest du gesammelt auf der exklusiven Materialienseite.

Christin Kunze Coaching (ehemals happy rituals)

in den Sozialen Medien

Facebook:

www.facebook.com/christin.kunze.coaching

Instagram:

www.instagram.com/christin.kunze.coaching

Die Glücksgewohnheiten Buchreihe

Die tägliche Dosis Glück:
10 Erfolgsstrategien und Glücksgewohnheiten für ein erfülltes Leben in Freude und Leichtigkeit

Lass dich inspirieren von den Glücks- und Erfolgsgewohnheiten zufriedener und höchst erfolgreicher Menschen. In diesen Büchern profitierst du von dem geballten Erfahrungsschatz von Bestsellerautorinnen, Impuls-Queens, Selbstbewusstseins-Experten, Keynote-Speakerinnen sowie erfahrenen Coaches und Psychologen.

Das Buch erhältst du auf Amazon als eBook und als Taschenbuch.

Die tägliche Dosis Glück - Teil 2

Impulse und neue Wege, wie du mit Glücksgewohnheiten Freude und Leichtigkeit in dein Leben holst

(als eBook und Taschenbuch auf Amazon erhältlich)

Es ist okay, nicht dauerglücklich zu sein. Doch du kannst dich täglich entscheiden, wie du dich fühlen willst. Glücksgewohnheiten bieten dir die Möglichkeit dazu.

Was kann ich aus Krisen lernen und wie kann ich mich täglich mehr auf Glück programmieren?

Dieses Buch gibt dir unzählige Impulse, wie du dein Glück selbst in die Hand nehmen kannst.

Es bietet dir viele Übungen, Reflektionen und persönliche Anekdoten von Self-made Millionärinnen, Trainerinnen und Coaches, zu Business Starterinnen und sogar Erstautorinnen – alle geben sie mit ihrem gewaltigen Erfahrungsschatz unschätzbare Impulse, wie das Leben gelingen kann.

Ich bin überzeugt davon: Dieses Buch bietet Glücksgewohnheiten für alle Lebenslagen.

Mit Gedichten von Christin Kunze

Das Coaching

Lebst Du ein Leben, in dem Du dich lost und nicht in Deiner Kraft fühlst & willst Du stattdessen ein Leben on your own terms leben?

- Glaubst Du auch, dass Dein Leben so viel mehr noch für Dich bereithält?
- Glaubst Du, dass Du es verdient hast glücklich zu sein?
- Willst Du für Dich aufstehen, denn Du weißt Du bist es wert, dass auch Du authentisch leben kannst?
- Stehst Du auch an einem Wendepunkt in Deinem Leben und willst Du nicht mehr das „klassische“ Leben führen, indem Du Dich zu oft den Bedürfnissen aller unterordnest?
- Hast Du es satt, funktionieren zu müssen?
- Du bist ambitioniert, aber kommst irgendwie nicht vom Fleck, bzw. fühlst immer Widerstände die verhindern, dass Du weiterkommst?
- Glaubst Du, dass es nicht sicher ist, wirklich DU zu sein?
- Willst Du wieder entdecken, wer Du wirklich bist und was Du wirklich willst?

Wünschst Du Dir...

- mehr Lebensfreude
- mehr Zeit und Raum für Dich
- endlich zu wissen, wer Du wirklich bist und was Du willst?

- authentisch Du zu sein, auch in Deinem Umfeld
- endlich für Dich und Deine Bedürfnisse einzustehen?
- endlich in die Umsetzung zu kommen und das in Dein Leben zu holen was Du Dir wirklich wünschst?
-

Dann ist mein 1:1 Coaching Programm genau das richtige für Dich. Wir erarbeiten das was für Dich in Deinem Leben gerade richtig ist und gehen auf Dich und Deine Situation maßgeschneidert ein.

Willst Du mich persönlich kennenlernen und erfahren, wie wir zusammenarbeiten können? Dann buch Dir eine unverbindliche Heart-2-Heart-Session mit mir und wir besprechen, wie und ob ich Dich auf Deinem Weg in Dein authentisches Leben begleiten kann.

Come intu the HeartSpace!
Lerne mich gerne in einem Erstgespräch kennen. Schreibe mir gerne unter christin@happyrituals.de oder buche einen Termin hier: https://calendly.com/christin-kunze/30min

Haftungsausschluss

Kontaktadresse:

happy rituals
Christin Kunze
Paul-Clemen-Str. 3
53113 Bonn

E-Mail: christin@happyrituals.de

Haftungsausschluss:

Die Autorin übernimmt keinerlei Gewähr hinsichtlich der inhaltlichen Richtigkeit, Genauigkeit, Aktualität, Zuverlässigkeit und Vollständigkeit der Informationen. Haftungsansprüche gegen die Autorin wegen Schäden materieller und immaterieller Art, welche aus dem Zugriff oder der Nutzung beziehungsweise Nichtnutzung der veröffentlichten Informationen, durch Missbrauch der Verbindung oder durch technische Störungen entstanden sind, werden ausgeschlossen.

Die im Buch veröffentlichten Ratschläge und Tipps wurden von der Autorin nach bestem Wissen und aus eigener Erfahrung erstellt. Sie wurden in dieser Form zum ersten Mal in diesem Buch gesammelt.

Eine Garantie für Erfolg und für das Gelingen der Challenges gibt es von meiner Seite nicht. Ich bin keine Psychologin. Daher sind alle Tipps und Übungen auf eigene Gefahr hindurchzuführen. Ebenso ist die Haftung der Verfasserin für Personen-, Sach-, und Vermögensschäden ausgeschlossen.

Jeder ist seines eigenen Glückes Schmied. Eigenverantwortung für dein Leben kannst nur du übernehmen.

Lesetipps und Literaturverzeichnis

Folgende Bücher oder Medien waren wichtig für mich, um dieses Buch zu schreiben:

Barth, Philipp (2017): *Von der Kunst, einfach anzufangen. Aufschieberitis besiegen, Blockaden überwinden, Ziele erreichen, auch: Zeitmanagement und Selbstmotivation – ein Ratgeberbuch*, Bonn: Rheinwerk Verlag.

Carroll, Ryder (2018): Die *Bullet Journal Methode. Verstehe deine Vergangenheit, ordne deine Gegenwart, gestalte deine Zukunft,* Hamburg: Rowohlt Taschenbuch Verlag.

Corssen, Jens (2006): *Als Selbst-Entwickler zu privatem und beruflichem Erfolg*. 4 CDs. Hamburg: Campfire Audio.

Hausmann, Sabine (2018): *The big book of Challenges. Entdecke dich neu,* Stuttgart: Frechverlag.

Rubin, Gretchen (2015): *Erfinde dich neu. Verändere deine Verhaltensmuster und werde glücklicher, produktiver und besser als je zuvor*, eBook Ausgabe, London: Two Roads.

Im Folgenden findest du das Literaturverzeichnis der Endnoten aus dem Fließtext.

---

[i] Kunst, Alexander (2019): *Umfrage in Deutschland zum Durchhalten guter Neujahrsvorsätze 2019. Wie lange haben Sie Ihre guten Vorsätze zum neuen Jahr in den letzten Jahren durchgehalten?* Online-Befragung mit 223 deutschen Befragten, (Online) https://de.statista.com/statistik/daten/studie/1074701/umfrage/umfrage-in-deutschland-zum-durchhalten-guter-neujahrsvorsaetze/ (abgerufen am 06.04.2020).

[ii] Maier, Silvia et al. (2015): *Acute Stress Impairs Self-Control in Goal-Directed Choice by Altering Multiple Functional Connections within the Brain's Decision Circuits.* (Online) https://www.media.uzh.ch/de/medienmitteilungen/archive/2015/bereits-moderater-stress-sabotiert-die-selbstkontrolle.html (abgerufen am 06.04.2020).

[iii] Schmiel, Rolf (2017): *Pressemitteilung – Gute Vorsätze machen krank!,* (Online) https://www.firmenpresse.de/pressinfo1565927/gute-vorsaetze-machen-krank.html (abgerufen am 06.04.2020).

[iv] Rubin, Gretchen (2015): *Erfinde dich neu. Verändere deine Verhaltensmuster und werde glücklicher, produktiver und besser als je zuvor,* eBook Ausgabe, München: CBX Verlag. S. 27.

[v] Rubin, Gretchen (2017a): *The Four Tendencies. The indispensable Personality Profiles that reveal how to make your life better (and other people's lives better, too)*, eBook Ausgabe, London: Two Roads. In deutscher Übersetzung erschienen in: Rubin, Gretchen (2017b): *Die 4 Happiness-Typen. Wie Erwartungen unsere Glücksfähigkeit prägen*, eBook Ausgabe, München: Kailash.

[vi] Wegelin, Natascha (2018): Madame Moneypenny Podcast Q&A-Session: *„Natascha, wie bist du rentenversichert?"*, (Online)

https://madamemoneypenny.de/qa-session-natascha-wie-bist-du-rentenversichert/ (aufgerufen am 10.04.2020).

[vii] Gretchen Rubin (2015): *Better than Before. Mastering the habits of everyday lives*, eBook Ausgabe, London: Hachette. Auch auf Deutsch erhältlich unter dem Titel: Rubin, Gretchen: *Erfinde dich neu. Verändere deine Verhaltensmuster und werde glücklicher, produktiver und besser als je zuvor.* eBook Ausgabe, München: CBX Verlag.

[viii] Corssen, Jens (2006): *Als Selbst-Entwickler zu privatem und beruflichem Erfolg.* 4 CDs. Hamburg: Campfire Audio.

[ix] Corssen, Jens (2006): *Als Selbst-Entwickler zu privatem und beruflichem Erfolg.* 4 CDs. Hamburg: Campfire Audio, Titeltrack „Es gibt Leute, die meinen, sie wollen nach Rom – wollen sie aber gar nicht".

[x] Corssen, Jens (2006): *Als Selbst-Entwickler zu privatem und beruflichem Erfolg.* 4 CDs. Hamburg: Campfire Audio, Titeltrack „Es gibt Leute, die meinen, sie wollen nach Rom – wollen sie aber gar nicht".

[xi] Lally, Philippa, et al. (2010). *How are habits formed: Modelling habit formation in the real world.* in: *European Journal of Social Psychology,* Nr. 40, S. 998-1009.

[xii] Gretchen Rubin (2015): *Better than Before. Mastering the habits of everyday lives*, eBook Ausgabe, London: Hachette. Auch auf Deutsch erhältlich unter dem Titel: Rubin, Gretchen (2015): *Erfinde dich neu. Verändere deine Verhaltensmuster und werde glücklicher, produktiver und besser als je zuvor*, eBook Ausgabe, München: CBX Verlag.

[xiii] Barth, Philipp (2018): *Von der Kunst, einfach anzufangen.* Bonn: Rheinwerk Verlag.

[xiv] Carstens, Peter: *Kompostierbare Plastiktüten: Warum die meisten Menschen sie völlig falsch verwenden*, (Online) https://www.geo.de/natur/nachhaltigkeit/19738-rtkl-bio-plastik-kompostierbare-plastiktueten-warum-die-meisten-menschen (aufgerufen am 09.05.2020).

Printed by Amazon Italia Logistica S.r.l.
Torrazza Piemonte (TO), Italy

71999446R00102